인생의 갈림길에서 만난

유대인의 말

안녕하지 못한 청춘들을 위한 25가지 지혜

인생의 갈림길에서 만난
유대인의 말

데시마 유로 지음 | 이민영 옮김

21세기북스

일러두기
이 책에서 인용하는 성경 구절은 '개역한글판'을 기준으로 삼았다.

당신의 발걸음을 응원합니다

오랜 불황과 구조조정, 그리고 취업난까지…… 학생이나 비정규 직, 심지어 정규직 근로자조차도 미래를 전망할 수 없는 시대다. 모든 사람이 자신의 삶이 어떤 방향으로 어떻게 흘러갈지 몰라서 불안하기만 하다.

이른바 역풍의 시대다. 아무리 앞으로 나아가려고 해도 앞에서 미친 듯이 불어닥치는 바람 때문에 한 발짝도 나아가기가 쉽지 않 다. 이 길로 가야 할지, 저 길로 가야 할지 오늘도 망설이고만 있다. 이 책은 이렇게 인생의 갈림길에서 고민하는 수많은 20, 30대 젊 은이들을 위해 쓰여졌다.

하지만 이렇게 어려운 상황 속에서도 다른 사람들을 돕기 위해 손발 벗고 나서는 사람도 있다. 아니면 직접 자원봉사 활동에 참여하지는 않지만 작은 일이나마 사회에 도움이 되는 일을 찾아 그 것을 자신의 평생 직업으로 여기고 노력하는 사람도 있다. 그런가 하면 하고 싶은 일은 있지만 자신감이 없어서 선뜻 나서지 못하고 그렇다고 포기하지도 못해 방황하는 사람도 있다. 아마 대부분의 사람들이 여기에 속할 것이다. 이상은 높지만, 만만치 않은 현실에 매일 좌절하고 일어서기를 반복하는 사람들.

이 책은 이러한 사람들을 위한 책이다. 갈등하고 방황하는 그 순간에 '좋아, 이 일을 하자!'고 결심하고 앞으로 나아가도록 살짝 등을 밀어주는 것이 이 책의 목적이다. 나는 방황하고 고민하는 사람들이 어지러운 마음을 다잡고 앞으로 나아갈 새 힘을 얻을 수 있기를 간절히 바란다. 그리고 그 열쇠로써 내 전공분야인 유대 현인의 격언을 활용하기로 했다.

히브리어도 모르고 간 이스라엘 유학

유대인이라고 하면 우선 '로마제국 시대에 고향에서 추방당하고, 그 후 세계 각국에 뿔뿔이 흩어져 차별을 당했으며, 나치 독일에 의해 대학살을 당한 민족'이라는 박해의 역사를 퍼뜩 떠올릴지도 모른다.

그러나 분명 그것만은 아니다. 그와 동시에 과학자 아인슈타인 Albert Einstein, 정신분석학자 프로이트Sigmund Freud, 사상가 마르크스Karl Heinrich Marx, 음악가 말러Gustav Mahler와 번스타인 Leonard Bernstein, 영화감독 스필버그Steven Spielberg 등 각계를 대표하는 유명인이 주르륵 떠오를 것이다. 그들은 모두 자신이 속한 분야에서 신기원을 이룬 선구자들이다. 나아가 그들은 자신들의 꿈을 이루었을 뿐 아니라 사회에도 도움이 되었다.

전 세계에 흩어져 있는 유대인을 전부 합해도 세계 인구의 0.2퍼센트에 불과하다. 그런데도 유대인은 역대 노벨상 수상자의 22퍼센트를 차지한다. 이렇게 각계에서 활약하는 우수한 인재가 유대인 중에 많은 이유는 무엇일까? 그 힌트는 고대로부터 전해지는 '유대의 격언' 속에 감춰져 있다.

본격적인 이야기를 시작하기 전에 일단 젊은 시절 내 꿈은 무엇이었으며, 어떻게 그것을 실천해왔는지부터 말해두어야 할 것 같다. 나는 1942년에 한국의 부산에서 태어났다. 당시 사업가였던 아버지는 전쟁이 끝나자 고향인 구마모토熊本로 돌아와 1949년에 사업을 정리하고 기독교 전도활동을 시작했다. 어머니는 1951년에 결핵으로 세상을 떠났다. 어머니가 세상을 떠나고 3년 뒤 아버지가 재혼을 해서 동생이 태어났는데, 새어머니는 나와 형을 동생과 아무런 차별 없이 친자식처럼 키워주셨다.

중학교 때는 사춘기 반항심에 집안의 돈을 훔치거나 가게 물건을 훔치기도 했고 툭하면 싸움질을 했다. 방황과 분노의 나날이었다. 고등학교 시절에는 아버지와 언쟁을 벌이다가 자살 소동을 벌이기도 했다. 당시 나는 누가 봐도 구제불능에 열등생이었다.

그 후 정신을 차리고 공부를 시작했지만 대학 시험에서 떨어졌고 1년간 재수를 해서 구마모토 대학에 입학했다.

대학생이 된 뒤로는 청소년 시절 열등생의 모습은 완전히 자취를 감추었다. 대학 2학년이 끝나갈 무렵 나는 이스라엘의 히브리 대학에 유학을 가기로 마음먹었다. 그러한 결정을 내리게 된 직접적인 계기는 역사학자인 토인비[1]의 『역사의 연구』라는 책 때문이다. 그 책을 읽고 헬레니즘[2]과 헤브라이즘[3]이 서양 문명의 두 원류라는 사실을 알게 되면서 헤브라이즘에 흥미가 생겼기 때문이다.

그러나 그 당시 나는 히브리어를 한 글자도 몰랐다. 그런 상태에서 무작정 이스라엘 유학을 떠난다는 것은 누가 봐도 무모하기

짝이 없는 결단이었다. 결코 넉넉한 형편이 아니었는데도 아버지는 이스라엘행 편도 항공권과 1년치 대학 수업료를 마련해주셨다. 비록 입 밖에 내어 말하지는 않았지만 가정을 희생해가며 기독교 전도에 애써온 아버지 나름대로의 아들에 대한 선물이었던 것 같다.

　이스라엘 유학은 결코 쉽지 않았다. 성서학과 철학 두 과목을 전공하는 데 따르는 어려움과 언어와 습관의 차이 때문에 도중에 몇 번이나 유학을 포기하려고도 했다. 그러나 그 누가 강요한 일도 아니었고 나 스스로 결단한 일이었다. 어렵다고 해서 물러설 수 있는 상황이 아니었다. 그렇게 나는 스스로를 설득했고 마침내 일본인 최초의 히브리 대학 졸업생이 되었다.

....
1. 아놀드 J. 토인비(Arnold Joseph Toynbee, 1889년 4월 14일~1975년 10월 22일)는 영국의 역사학자이다. 서구 문명뿐 아니라 이슬람, 불교 등 각 문명의 발전을 해설한 『역사의 연구』를 집필했다.
2. 헬레니즘(Hellenism)은 그리스인을 '헬레네스(Hellenes)'라고 부른 것에서 유래하며 알렉산드로스(Alexandros) 대왕의 제국 건설 이후 고대 그리스의 뒤를 이어 나타난 문명을 가리킨다.
3. 헤브라이즘(Hebraism)은 유대인의 선조인 고대 히브리인의 사상·문화를 말한다.

가슴 벅찼던 아버지의 말씀 'God bless you!'

졸업 후에는 일본으로 돌아와 기독교 운동사무국에서 아버지의 일을 도왔다. 그러나 나는 유대교 사상에 대해 더욱 깊이 공부하고 싶었다.

사실 현대 이스라엘 사회는 세속화되어서 이스라엘의 일반 대학에서 공부한 것만으로는 유대교의 진수를 접할 수 없었기 때문이다. 그래서 나는 1970년 뉴욕의 아메리카 유대신학교 대학원The Jenish Theological Seminary of America으로 유학을 가기로 했다.

뉴욕으로 떠나는 날 아침, 아버지는 아무 말 없이 현관 입구에서 계셨다. 나는 먼 길을 떠나는 아들에게 한 말씀 해달라고 아버지께 청했다. 그러자 돌계단 위에서 나를 내려다보고 있던 아버지는 "God bless you!"라고 말씀하셨다. 내가 아버지에게 들었던 처음이자 마지막 축복의 말이었다. 'God bless you!'는 말 그대로 '하나님의 인도하심과 축복이 너와 함께하기를 기도한다'는 뜻이다.

아버지는 '열심히 하고 오라'고 말하지 않았다. '모든 것을 하

나님의 축복과 인도하심에 맡긴다, 모든 일은 너에게 달려 있다'
는 말로 다 할 수 없는 마음을 그 한마디에 담으셨던 것이다.

뉴욕에서 나는 학업에 열중하기보다 생활고에 시달려야 했다.
아파트는 학교와 가까웠지만 이른바 빈민가에 위치해 있었다. 그
곳에서 나는 아내, 갓 태어난 큰딸과 셋이서 매달 돈에 쪼들리며
살았다. 이스라엘 유학 때와 마찬가지로 공부하기가 만만치 않았
다. 하지만 미국 유대 사상계를 대표하는 랍비 헤셸[4] 교수를 비롯
해 훌륭한 은사들의 지도를 받을 수 있었다.

안타깝게도 헤셸 선생은 1972년에 세상을 떠났다. 이듬해에는
내 아버지가 타계했다. 이 시기의 나는 정신적인 고독과 마음 한
자락 의지할 데 없는 공허감 속에서 삶의 의미와 인간의 본질에
대하여 고민하며 지냈다. 의지할 곳을 잃어버리니 마음이 뻥 뚫린
것만 같았다.

그러나 그런 와중에도 초대 홀로코스트 기념재단 전무이사였
던 랍비 S. 시겔Bernie S. Siegel 교수나 전 세계 보수파 랍비 조직인

....
4. 아브라함 요슈아 헤셸(Abraham Joshua Heschel, 1907년 1월 11일~1972년 12월
   23일)은 폴란드 유대교 집안에서 태어나 베를린 대학을 졸업했다. 20세기의 가장 위
   대한 랍비로 불린다.

랍비총회Assembly Rabbinical 회장직을 오랫동안 맡았던 랍비 바이만-켈만 박사Levi Weiman-Kelman 등의 지도를 받으며 유대 사상에 대해 한층 더 깊이 배울 수 있었다. 또한 미국 유대교 리더와 저명한 학자, 저널리스트, 그리고 실업계 중진에 가까이 다가갈 수 있었다. 1974년부터 1976년까지는 로스앤젤레스의 유대교 대학University of Judaism에서 유대 신비주의 개론과 성서학을 배웠고, 1977년에 아메리카 유대신학교 대학원에서 히브리학 박사학위를 취득했다.

이스라엘에서나 미국에서나 경제적으로는 매우 궁핍했기 때문에 때로는 막다른 길목에 몰리기도 했지만 그때마다 무사히 고비를 넘길 수 있었다. 11년 동안의 외국 생활은 참고 견디면 지혜가 더욱 깊어지고, 길이 열린다는 확신을 안겨주었다. 연구 분야에서 장벽에 부딪힐 때도, 앞이 보이지 않아도 일단 나아가면 방법이 보였고 문제는 자연스럽게 해결되었다.

유대 사상을 비즈니스에 접목하다

미국에서 박사 학위를 딴 나는 미국에 눌러앉아 대학에서 강의를 할 수도 있었다. 솔직히 미국에 남고 싶은 마음도 굴뚝같았다. 하지만 내 마음속에서 끊임없이 '일본으로 돌아가라'는 소리가 들려왔다.

본래 철학이란 자신이 속한 시대의 문제를 자신의 언어로 이야기하는 것이다. 소크라테스Socrates, 플라톤Plato, 칸트Immanuel Kant, 베르그송Henri-Louis Bergson 모두 자신이 속한 시대의 문제를 자신의 언어로 표현했다. 그들은 타인의 가설을 풀어 철학을 이야기하지 않았다. '나도 내가 속한 시대를 생각하자, 그러려면 현대 일본을 관찰하고 자신의 경험을 토대로 생각해야 한다'는 생각으로 어렵사리 귀국을 결정했다.

그러나 외국의 대학과 대학원에서 11년 동안 공부했다고는 하지만 전혀 실무 경험이 없는 나를 고용해줄 회사는 없었다. 게다가 나이도 이미 서른다섯 살이었다. 내가 귀국한 1977년 당시의 일본은 중동 전쟁[5]과 오일 쇼크[6]의 기억이 아직 생생하던 시절이

....

5. 중동 전쟁은 유대교 국가인 이스라엘과 주변 아랍 국가 사이에 일어났던 전쟁이다. 1948년부터 1973년에 걸쳐 모두 네 차례의 전쟁이 촉발되었다.
6. 오일 쇼크는 1973년 제4차 중동 전쟁이 일어나자 페르시아만의 산유국이 원유 공시 가격의 인상을 결정하여 전 세계의 경제를 혼란에 빠트린 사건이다. 1979년에는 이란 혁명으로 제2차 오일 쇼크도 발생했다.

었다. 그래서 내가 유대인들과 11년이나 함께했다는 이야기를 듣기만 해도 대부분의 기업이 기겁을 하며 나를 거절했다.

간신히 입사한 회사는 특산물을 방문판매하는 식품 회사였다. 처음에는 하나도 팔지 못했지만 점차 고객을 어떻게 대해야 하는지, 상품 설명을 어떻게 해야 하는지를 알아가면서 실적을 올릴 수 있었다. 비록 석 달이라는 짧은 시간이었지만 내게는 첫 비즈니스 경험이었고, 많은 교훈과 수확을 거둔 현장 연수의 장이었다.

그리고 그해 11월에 컨설팅 회사로 이직했다. 사실은 이 취직에는 비하인드 스토리가 있다. 인재은행에 취직 알선을 상담했더니 "당신은 컨설턴트 업무가 어울릴지도 모른다"며 그 회사가 채용을 해주었던 것이다.

내가 공부하면서 만난 유대인 중에는 금융, 유통, 영화, 매스컴 등 다양한 분야에서 활약하는 경영자가 많다. 그들은 유대적인 사고로 비즈니스를 성공시켰다. 그런데 일본의 비즈니스맨들은 실제 유대인의 사고방식이나 사회 질서, 교육에 대해 거의 아는 바가 없었다. 그래서 1979년에 유대인 사회의 특성과 뛰어난 지혜에 대해 정리하여 『유대인은 왜 우수한가?ユダヤ人はなぜ優秀か』를 펴냈다. 이것이 내 최초의 저작이다.

이듬해에는 영업 교육 프로그램의 일본판 개발을 혼자 담당하여 교재 번역부터 사용자 지도까지 다양한 일을 하면서 수많은 기업과 함께 일을 할 수 있었다. 이렇게 나는 일본 기업의 다양한 문제를 컨설턴트로서 내부에서 관찰할 수 있었을 뿐 아니라 산업 전반의 영업활동 현장을 조망할 수 있었다. 일은 순조롭게 풀려나갔다.

그러나 샐러리맨은 시간에 제약을 받을 수밖에 없었다. 보다 자유롭게 유대 철학을 비즈니스에 응용할 수 있는 방법을 찾고 유대 사상을 더욱 깊이 연구하고 싶었던 나는 1985년 '길보아Gilboa 연구소'를 개설했다.

독립에는 당연히 리스크가 따르게 마련이다. 그러나 컨설팅 회사에서 친분을 쌓은 고객들의 도움과 새로운 교육 훈련 프로그램 개발이나 다양한 신규 컨설팅 의뢰 덕분에 지금까지 잘 운영되고 있다.

일단 하고 싶은 일 한 가지를 시작해보라

지금까지 내가 걸어온 길을 다소 장황하게 소개했다. 이런 이야기를 하면 사람들은 대개 "고생 많았네요"라는 말을 한다. 그렇지만 나는 지금까지 살면서 힘들다거나 고생스럽다는 생각을 해본 적이 없다.

매일 밤 나는 마음속으로 이렇게 되뇌었다.

'오늘 하루도 무사히 지나갔으니 감사할 일이다. 내일도 주어진 일을 열심히 해야지. 어제보다 더욱 좋은 성과를 낼 수 있도록 노력하자. 새로운 과제와 새로운 변화를 발견하자.'

나도 혜택 받은 삶을 누리는 사람을 보면 당연히 부러울 때가 있다. 그러나 나는 어차피 내 능력 밖의 일은 할 수 없다. 타인을 부러워해봤자 무슨 소용이 있겠는가? 자신이 할 수 있는 일부터 시작하고 행동하고 꾸준히 실천하면 길은 저절로 열리게 마련이다. 가만히 앉아서 무엇을 할지 고민만 해서는 아무런 열매도 맺을 수 없다.

이 글을 읽는 독자 중에는 '언제 결단을 해야 할지', '이 결심을 구체적으로 실천할 방법이 있는지' 고민하는 사람들도 있을 것이다. 많은 사람들이 그런 생각을 한다. '어떻게 하면 내가 하고 싶은 일을 비즈니스로 성공시키고 나아가 그것이 사회에 도움이 되도록 할 수 있을까?' 그러나 이를 위한 명확한 비전과 결단력, 실행력을 어떻게 갖추어야 하는지 논리적으로 생각할 필요는 없다. 모든 밑그림과 세세한 설계도를 미리 생각한 후에야 움직일 수 있다는 생각은 그저 실천을 미루기 위한 핑계에 불과하다.

일단 이것저것 고민하지 말고 하고 싶은 일 딱 한 가지를 시작해 봐라. 하고 싶은 일 한 가지가 있다면 그것만으로도 이미 충분히 '명확'하다. 남은 것은 그저 출발점에 서서 나아가는 것뿐이다. 설사 실패하면 또 어떠한가? 다시 도전하면 그만이다. 단번에 비즈니스에 성공하리라는 생각은 버려라. 인생은, 세상은 그렇게 단순하지 않다.

성공한 사람은 성공 이론을 따라 해서 성공한 것이 아니다. 그들은 고객과 사회를 위해 생각하고 실천하며 개선을 거듭한 사람들이다. 출발점에서는 성공한 사람이나 당신이나 다를 것이 없다. 오직 한 발 앞으로 내딛는 것이 중요하다. 앞에 장애물이 있다면 오른쪽으로 돌아가도 좋다. 오른쪽에서 장애물을 만나면 왼쪽으로 비켜 가면 된다. 왼쪽에서 다시 장애물이 나오면 뒤로 돌아서도 좋다.

소니나 도요타, 히타치, 마이크로소프트, 애플, 구글, 페이스북 등 거의 모든 기업의 창업자가 경영학의 '경' 자도 모른 채 일을 시작했고, 그 작은 꿈이 발전해서 거대 기업으로 성장했다. 이들의 공통점은 사람들이 필요로 하는 물건이나 서비스를 제공했다는 점이다.

멈추지 않고 계속 전진하면 그것이 실적이 되고 새로운 세상이 열린다. 할까 말까 망설이고, 될까 안 될까 계산하면 아무 일도 시작되지 않는다. 고민은 벽에 부딪힌 후에 해도 늦지 않다. 쉽게 성공하려고 생각하지 말고 묵묵히 나아가라. 당신이 걸어간 발자국이 당신을 전문가로 만들어줄 것이다. 당신 인생을 활기로 가득 차게 해줄 것이다.

이 책은 스물다섯 개의 유대 격언을 소개하고 있다. 시련의 역사를 참고 견뎌온 유대 현인의 조언에 분명 당신의 가슴은 공명할 것이다. 어디서부터 읽어도 상관없으므로 흥미를 느낀 격언부터 먼저 읽어보기 바란다. 열세 개의 워크숍에는 당신이 도전하고 스스로를 돌아볼 수 있도록 조언을 덧붙였다. 나아가 인물이나 전문 용어 등에는 각주를 달았고 같은 페이지에 해설을 덧붙였으므로 참고하기 바란다.

이 책을 선택해준 당신이 더욱 멋진 삶의 항해를 떠날 수 있도록 내 작은 경험과 함께 유대 현인의 지혜를 빌려 이 책을 보낸다. 당신의 앞날에 축복이 함께하기를.

데시마 유로

차례

제2부 대담하게 생각하고 행동하라

제3부 사람을 소중히 대하라

제4부 더 넓은 세상을 바라보라

제1부
지금, 당신은 무엇을 원하는가

욕망은 인간의 본질이다.

바뤼흐 스피노자Baruch de Spinoza

어떻게 원하며 살 것인가

'젊음'이란 불안정한 것이다. 눈에 보이는 것마다 흥미를 느끼고, 이것저것 하고 싶은 것도 많은 시기다. 너무나 하고 싶은 것이 많아 오히려 무엇부터 시작해야 좋을지 혼란스럽다. 혼란스럽기만 하면 그나마 다행이다. 무엇인가를 하고 있어도 자신에게 과연 충분한 능력과 실력이 있는지 불안한 마음이 든다.

'이것이라면 얼마든지 할 수 있겠구나' 싶은 마음에 무엇인가를 시작해서 열심히 하다가도 잠시 주위를 둘러보면 다른 사람이 하는 일이 더 멋져 보여서 불안하다. 자기만 뒤처지는 건 아닌가 초라한 기분도 든다. 그래서 '나도 저 일을 해볼까' 하는 생각에 마음이 흔들리고 새로운 고민에 빠진다.

내 젊은 시절을 회상해보면 고등학교 때 나는 정치가를 꿈꾸었다. 고향인 구마모토에서 대학에 들어갔을 때는 동양사를 공부하고 싶었지만 철학을 전공으로 선택했다. 그때 영국의 역사학자 토인비의 『역사의 연구』를 접하면서 영국 유학을 꿈꾸었다. 그러다가 유대인 사상가 마르틴 부버[1]가 쓴 유대 신비주의[2]에 관한 글 몇 페이지를 영문으로 읽고 난 뒤부터 이스라엘로 가서 그의 문하에서 유대 신비주의를 배워야겠다는 마음을 먹었다.

젊다는 것은 그만큼 선택의 폭이 무궁무진하다는 것을 의미한다. 달리 말하면 그만큼 욕망이 많다는 뜻도 된다. 그렇지만 '선택'과 '욕망'은 분명히 다르다. 일단 어떤 인생을 살아갈지 선택하고 나면 시간의 경과에 따라 저절로 인생이 어느 한 길로 그 폭이 좁아지게 마련이다. 아무리 욕망이 많아도 동시에 두 가지 이상을 추구할 수는 없다. 몸은 하나밖에 없기 때문이다.

내 경우에는 무모하게도 이스라엘로 유학을 떠났었다. 특별히 어학에 재능이 있었던 것도 아닌데 '어떻게든 되겠지' 하는 막연한 생각으로 일단 저지른 일이었다.

할 수 있는 일, 하고 싶은 일 사이에서 갈팡질팡하면서 '일과 더불어 취미생활도 열심히 하고 싶다'고 생각하는 사람도 있을 것이다. 하지만 일에 몰두하다 보면 취미생활을 할 짬을 내기가 현실적으로 어려울 수밖에 없다. 젊은 날에는 우선 하나에 집중할 필요가 있다. 시간이 흘러 어느 정도 생활의 기반이 잡히고 여유가 생기면 그때는 사회봉사나 취미에 눈을 돌려도 좋을 것이다.

'겁 많음'과 '자비심'도 욕망

그런데 욕망은 생각만큼 그리 단순하지 않다. 부자가 되고 싶은 재물욕, 사물에 대한 소유욕, 맛있는 음식을 먹고 싶은 식탐, 명예욕, 권력욕…… 나아가서는 술과 여자에 대한 욕망 등 끝이 없다.

최근에는 날씬해지고자 하는 다이어트 욕망도 있다. 이러한 욕망은 젊을수록 더욱 종류도 많고 정도도 강하고, 나이가 들어도 사그라지지 않는다. 게다가 이러한 욕망 때문에 타인과 다툼이 생겨 심각한 문제로 발전하는 경우도 심심찮게 있다.

그 때문일까? '욕망을 억제하라' 혹은 '청렴하게 살라'고 설교하는 이들이 세상에 넘쳐나는 것은……

17세기 중반 네덜란드의 유대인 철학자 스피노자[3]는 그의 저서 『에티카』에서 다음과 같은 생각도 '욕망의 한 종류'라고 정의했다. '복수심', 남을 이기고자 하는 '경쟁심', 남들이 주저하는 일에 나서서 극복하려는 '대범함', 또 이와는 대조적으로 자신이 입을지도 모를 위험이나 해악을 피하려는 '겁 많음'도 욕망의 변형이라는 것이다.

나아가서는 타인에게 일부러 해악을 가하는 '잔인함', 가엾은 사람에게 친절을 베풀고자 하는 '자비심', 친절에 보답하려는 '감

---

1. 마르틴 부버(Martin Buber, 1878년 2월 8일~1965년 6월 13일)는 빈의 유대인 가정에서 태어나 『나와 너』의 대화 철학을 제창했다. 1924년에 프랑크푸르트 대학 교수가 되었고, 나치 정권이 들어서자 독일을 떠나 떠돌다가 1938년에 예루살렘으로 이주하였으며, 히브리 대학에서 인류학과 사회학을 가르쳤다.
2. 유대 신비주의란 절대자나 신 등의 초월적 존재를 자신의 내면에서 직접 체험하고자 하는 종교나 철학적 관념을 말한다. 유대교도에 대한 박해가 심했던 중세 유럽에서 번성했다.
3. 바뤼흐 스피노자(1632년 11월 24일~1677년 2월 21일)는 암스테르담에서 유대인 무역상의 아들로 태어났다. 이단으로 몰려 유대 공동체로부터 파문을 당한 뒤 렌즈 가공으로 생계를 유지했다고 전해진다. 네덜란드 이름은 베네딕투스 드 스피노자다.

사', 특정한 사람이나 물건을 동경하는 '사모' 등도 욕망으로 정의하고 있다.

스피노자가 내린 욕망의 정의에서 한 걸음 더 나아가, 가령 '욕망을 없애고 싶다'고 생각한다면 그 생각 자체가 이미 '욕망을 없애고 싶어하는 욕망'이 되는 것이다.

인류의 발전을 이끈 본성

과연 세상에 욕망이 없는 사람이 있을까? 욕망을 충족시키고자 하는 인간의 노력이 있었기 때문에 문명이 창조되고 진화할 수 있었다. 욕망 덕분에 욕망에 질서를 부여하려는 사상이 태어나고 도덕도 발전했다고 할 수 있다. 따라서 욕망은 부정해야 하는 대상이 아니라 지극히 당연하고 바람직한 것으로 인정해야 할 대상이다.

실제로 스피노자는 『에티카』에서 '욕망은 인간의 본질'이라고 정의했다. 가난한 렌즈 가공 기술자로 생계를 꾸려가며 진지하고 성실하게 철학과 윤리학을 연구했던 스피노자가 내린 정의이기에 더더욱 그 의미가 깊다.

이를 바꿔 말하면 '욕망이 없는 인간은 인간이 아니다. 즉 죽은 인간이다'라는 뜻이다. 이는 당시에 획기적인 정의였고 너무나 대담한 생각이었다. 그렇기 때문에 그의 생각이 받아들여지기까지는 오랜 시간이 걸렸다. 이 정의가 널리 인정을 받게 된 것은 20세기에 들어와 심리학이 발전하게 되면서부터이다.

프로이트[4]는 '성욕'을 인간 행위의 근원으로 보았다. 아들러[5]는 '권력욕'을, 융[6]은 '본능의 에너지'를 인격 형성의 큰 요인으로 생각했다. 미국심리학회 회장을 지낸 매슬로우[7]는 인간에게는 다섯 단계의 욕망이 있다고 주장했다. 생리적 욕망, 안전의 욕망, 사회적 욕망, 존경의 욕망, 자기실현의 욕망이다. 그리고 오늘날 21세기에는 '욕망이야말로 인간 행동의 모든 근원'으로 생각하기에 이르렀다.

이처럼 인간의 본성이라고도 할 수 있는 욕망에 우리는 어떻게 대처해야 할까? 그리고 욕망을 어떤 식으로 다루면서 자신의 삶을 펼쳐나가야 할까? 이는 현대인의 과제라 할 수 있다. 이제부터 그 부분에 대해 생각해보기로 하자.

....

4. 지그문트 프로이트(1856년 5월 6일~1939년 9월 23일)는 오스트리아에서 모직물상을 하는 유대인 가정에서 태어났다. 정신과 의사로서 정신분석과 임상심리학의 기초를 쌓았다.
5. 알프레드 아들러(Alfred Adler, 1870년 2월 7일~1937년 5월 28일)는 오스트리아의 유대인 가정에서 태어났으며 아버지는 곡물상을 운영했다. 정신과 의사이자 심리학자이다.
6. 칼 구스타프 융(Carl Gustav Jung, 1875년 7월 26일~1961년 6월 6일)은 스위스의 케스빌에서 목사의 아들로 태어났다. 정신과 의사이자 심리학자로 독자적인 분석심리학의 체계를 확립했다.
7. 에이브러햄 매슬로우(Abraham Harold Maslow, 1908년 4월 1일~1970년 6월 8일)는 뉴욕의 가난한 유대계 러시아 이민 가정에서 태어났다. 심리학자이며 인간 정신의 건강한 발달에 주목했다.

욕망은 날마다 새 힘으로 무장하고
인간을 찾아온다.

랍비 이삭 루리아Isacc Luria

욕망은 '꿈'의 다른 말이다

욕망은 인간의 본질이므로 이를 끊어낼 수는 없다. 그러므로 욕망을 어떻게 이해하는지가 중요하다. 자신의 욕망을 온전히 파악하는 것이 중요하다는 뜻이다.

우선 인간이 욕망을 죄악시하게 된 것은 서양 기독교의 영향이 크다. 기독교에서는 욕망을 '육욕'이라 부르며 신에 대한 동경이나 그리스도[1]를 향한 정신적인 욕구, 즉 신앙심과 반대되는 것으로 보고 있다.

그러나 중국이나 일본에서는 욕망을 꼭 부정적으로만 생각하지 않는다. 한자 '욕欲'이 담고 있는 의미를 들여다보자. '욕欲'은 '하품 흠欠'과 '골짜기 곡谷'으로 구성되어 있다. '하품'은 입을 벌려 길게 숨을 쉬는 동작이다. 입을 벌리는 것은 또한 음식을 먹으려는 행동이기도 하다. 다시 '골짜기 곡谷'을 파자해보자. '골짜기 곡谷'은 갈라진 틈과 '입 구口'로 이루어져 있다. 즉 '욕欲'이라는 글자는 '음식을 앞에 두고 입을 벌린다'는 왕성한 식욕을 상징하고 있는 것이다.

....

1. 예수 그리스도(기원전 4세기~기원후 28년경)는 이스라엘 북부의 나사렛에서 태어났다. 그래서 '나사렛 예수'라고도 불린다. 그리스도란 구세주를 의미하는 히브리어 '메시아'의 그리스어이다.

본래 한자에서는 이 '곡谷'과 '흠欠'의 조합 아래 '심心'을 더하여 '욕慾'이라는 글자를 사용했었다. 자신의 소유물로 삼고 싶어 사물을 자기 쪽으로 강하게 끌어당기려는 것이 욕망이다. '욕欲'은 강하다. 이것이 동양적인 사고이다. 여기에 욕망을 선 혹은 악으로 구분하는 가치판단은 포함되어 있지 않다.

깨달음의 출발점

동양에서 강한 욕망을 문제로 보기 시작한 것은 불교의 시조, 석가모니[2] 때부터이다. 불교에서는 마음을 강하게 사로잡는 욕망을 '번뇌煩惱'라 하며 몸과 마음을 고민에 빠트리고 괴롭히는 것으로 보기 때문에 보통 부정적인 뜻으로 사용한다.

석가모니는 본래 북인도 석가 부족의 왕자로 태어나 무엇 하나 부족함 없는 삶을 누렸었다. 그러나 화려하고 사치스러운 왕궁 생활도 그의 마음을 채워주지는 못했다. 그는 욕망에 관한 마음의 문제를 해결하기 위해 왕궁을 버리고 출가했다. 이후 여러 수행자와 사상가에게 가르침을 구했지만 만족스러운 답을 얻지 못했다.

결국 마지막 순간 석가모니 자신이 스스로 얻은 깨달음은 '답을 구하려는 마음을 버리라'는 것이었다. 마음까지도 버린다면 더이상 어떤 일에도 마음이 괴로울 리가 없다. 이를 불교에서는 '깨달음' 혹은 '해탈解脫'이라 부른다.

이 불교의 가르침을 요약해보자. 불교에서는 욕망이나 집착이 존재하기 때문에, 욕망에 휘둘리지 않는 평안한 경지를 구하는 마음이 생겨난다고 본다. 이를 '번뇌즉보리煩惱即菩提'라고 하는데 욕망의 괴로움 덕분에 깨달음을 얻는다는 뜻이다. 욕망은 인간을 깨달음으로 인도하는 계기가 된다. 그러므로 불교에서는 욕망을 반드시 나쁜 것으로 여기지는 않는다.

이에 반해 기독교 사회인 서양에서는 '욕망은 곧 죄악'으로 간주했다. 하지만 그렇지 않은 사람도 있었다. 기독교 사상이 뿌리 깊었던 네덜란드에서 평생을 보낸 스피노자는 욕망을 죄악으로 인식하지 않았다. 만약 욕망이 죄악이라면 욕망은 인간의 본질이므로 '인간도 죄악'이라는 결론에 이르러야 마땅할 것이다. 그러나 스피노자는 그저 "인간의 충동과 욕망은 다를 바 없다"고 단언할 뿐 충동이나 욕망이 나쁘다고는 말하지 않는다. 이 애매한 말은 대체 무슨 뜻인가?

이 의문을 풀기 위한 힌트는 스피노자가 유대인이었다는 사실에 숨어 있다. 그는 스물셋의 나이에 이단으로 몰려 유대교 사회로부터 파문을 당하고 쫓겨났다. 그러나 스피노자가 파문을 당한 것은 그가 불성실한 유대교도였기 때문이 아니다. 오히려 스피노

....
2. 석가모니(기원전 5세기~기원전 4세기경)는 왕가에서 태어나 유복한 삶을 살았지만 29세에 출가해서 35세에 깨달음을 얻고 불교의 시조가 되었다. 석가는 부족명이고 모니는 성자라는 의미로, 본명은 고타마 싯다르타이다.

자는 누구보다도 성실했던 유대교도였기에 전능한 신의 존재에도 불구하고 이 세상이 죄악과 불평등, 재해로 가득한지 의문을 느꼈던 것이다. 그리고 스피노자는 오랜 생각 끝에 '이 세상의 악과 신은 관련이 없다'는 결론에 다다랐다. 이러한 스피노자의 생각이 당시 유대 사회에 받아들여질 리가 없었기에 그가 파문을 당한 것이다.

스피노자는 기쁨을 일으키는 것을 '선'이라 부르고, 슬픔을 초래하는 것을 '악'이라 불렀다. 문제는 인간의 마음속에 솟아나는 욕망이 기쁨을 가져다주는 것인가, 아니면 슬픔을 가져다주는 것인가 하는 것이다. 이는 인간이 판단할 일이다.

욕심 많은 사람에게는 재물이 쌓이는 일이 선이고, 재물이 사라지는 일이 악이다. 재물을 얻으려는 욕망이나 충동 자체가 선 혹은 악은 아닌 것이다. 따라서 어떤 욕망을 두고 선인지, 악인지를 결정하는 것은 본인의 판단에 달려 있다.

사람과 세계를 이어주는 접착제

유대인들은 욕망을 '예쩨르Yetzer'라고 부른다. 히브리어[3]로는 본래 '생각을 굴린다'는 뜻이다. 이 말이 문헌에 맨 처음 사용된 것은 유대교 경전인 『성경』[4] 제1권 「창세기」의 '노아[5]의 홍수' 이야기에서이다. '사람들의 죄악이 세상에 많아지고, 그들 마음의 모든 생각과 뜻이 언제나 악하기만 한 것을 보시고' 하나님은 사람을 만든 것을 후회하고 마음 아파하면서 대홍수를 일으키기로 계획하였다. 여기서는 죄악이 바로 '예쩨르'와 동일한 의미로 사용되었다. 이 이야기는 기원전 10세기경에 쓰인 것으로 추정되는데 그 이후 유대교 안에서는 '예쩨르'를 인간의 욕망으로 보는 견해가 정착되었다.

유대교 지도자를 '랍비'라고 부르는데 이는 '선생'이라는 의미이기도 하다. 보통 이름 앞에 랍비를 붙여서 부르는데 3세기의 랍비 이삭 루리아는 이렇게 말했다.

"욕망은 매일 새 힘으로 무장하고 인간을 찾아온다."

이 말을 들은 동료 랍비 시므온 벤 라키쉬Simeon ben Lakish는 이렇게 덧붙였다.

"어디 그뿐이랴, 욕망이 인간을 죽이려 찾아온다."

이는 성경과 함께 유대교의 주요 경전으로 인정되는 『탈무드』[6]에 기록되어 있는 이야기인데 일반인도 아닌 고명한 두 명의 유대교

---

3. 유대인 선조가 히브리인으로 불리던 고대부터 사용해온 언어이다. 히브리어에는 성서 시대에 사용되던 고대 히브리어 외에도 주로 문헌에서 사용된 중세 히브리어, 현재 이스라엘에서 사용되는 현대 히브리어가 있다.

4. 기독교에서 말하는 『구약성경』을 가리킨다. 유대교에서는 『신약성경』을 인정하지 않기 때문에 그저 『성경』이라고만 부른다.

5. 「창세기」 5~10장에 나오는 대홍수와 '노아의 방주' 이야기를 가리킨다.

6. 히브리어로 '연구'라는 뜻이다. 『구약성경』 앞부분의 다섯 권은 '토라(율법)'라고 부르고 구전으로 전해지던 율법을 나중에 성문화한 법전은 '미슈나'라고 부른다. 이 '미슈나'를 둘러싼 방대한 논의를 정리한 글이 『탈무드』이다.

랍비가 매일 새 힘으로 무장하고 찾아오는 욕망과 씨름하느라 죽을 것 같다고 고백하고 있는 것이다. 그 정도로 욕망의 유혹은 강력하다. 그렇다면 어째서 욕망은 매일 새 힘으로 인간을 찾아와 괴롭히는 것일까? 이 의문에 대한 『탈무드』의 대답은 굉장히 흥미롭다.

'만약 욕망이 없었다면 이 세상에서 학문과 인간은 함께하지 못했을 테고, 남자와 여자도 마찬가지이다. 그러나 욕망이 존재하는 덕분에 사람은 학문을 얻고자 하고, 남자는 여자와 함께하기를 원하게 된 것이다.'(『탈무드』 '수카' 52A).

즉 욕망이야말로 세계를 이어주는 접착제 역할을 한다는 것이다.

욕망이라는 씨앗을 심어라 _ 하라 조지

미국에 본부를 둔 얼라이언스 포럼 재단Alliance Forum Foundation과 그 설립자인 하라 조지[7]는 아직 일본에 잘 알려진 인물은 아니지만 사업에서 얻은 이익과 부를 세상을 위해 쓰기 위해 다양한 활동을 대규모로 펼치고 있다.

게이오기주쿠 대학 법학부에 다니던 시절 하라는 고대 마야 문명[8]의 흔적을 탐사하는 고고학 발굴에 흥미를 갖고 아르바이트를 해서 모은 돈으로 중남미로 떠났다. 매년 고고학 발굴에 참가하면서 그는 스스로가 만족하고 납득할 수 있는 고고학 발굴 조사를 하고 싶다는 생각을 하게 되었다. 그러려면 타인의 원조를 받지 않고 발굴에 소요되는 막대한 자금을 스스로 조달할 수 있어야 했다. 그래서 하라는 기업가가 되기로 결심하고 27세의 나이에 스탠포드 대학에서 경영학을 배우기 시작했다.

스탠포드 경영대학원은 MBA(경영학 석사)를 수여하는 조건으로 졸업논문뿐 아니라 학생이 졸업논문에서 제시한 비즈니스 아이디어를 학생 스스로 실현해서 기업화하기를 요구하고 있다. 실천이 뒤따르지 않는 이론만으로는 졸업할 수 없다는 뜻이다.

하라는 당시 누구도 시도하지 않았던 광섬유 디스플레이에 관한 주제를 선택했다. 그 아이디어를 실용화하기 위해 여러 기업을 찾아가 투자를 요청했지만 안타깝게도 모두 거절당하고 말았다. 마지막으로 디즈니[9]를 찾아갔는데, 뜻밖에도 재미있을 것 같다며 하라의 아이디어를 실용화하는 데 흔쾌히 협력해주었다.

아이디어를 실용화하려면 기술적으로 해결해야 할 과제가 한두 가지가 아니다. 그러나 하라는 모든 문제를 극복하고 어렵게 디즈니가 요구한 날짜까지 제품을 만들어낼 수 있었다. 결과는 대

....

7. 하라 조지(原丈人, 1952년~)는 일본 오사카 출신의 기업가이다. 게이오기주쿠 대학 법학부를 졸업한 뒤 스탠포드 대학의 MBA 과정을 마치고 같은 대학의 대학원에서 공학 석사학위를 취득했다. 주로 통신기술 분야의 벤처 투자가로 활동하였으며, 1985년에 창설된 얼라이언스 포럼 재단의 회장을 맡고 있다.

8. 멕시코 남동부, 과테말라 등의 마야 지역에서 번성한 문명이다. 기원전 2500년경부터 신전과 대도시가 넓은 범위에 걸쳐 건축되었다.

9. 월트 디즈니 컴퍼니(The Walt Disney Company). 1923년에 디즈니 형제가 설립한 영화 제작사이다. 현재는 테마파크 등을 포함하여 세계적으로 유명한 미디어 엔터테인먼트 기업으로 성장했다.

성공이었고, 그 기술을 바탕으로 하라는 대학원에 재학 중이던 29세의 나이에 회사를 설립할 수 있었다.

그 후 광섬유 디스플레이 사업에서 얻은 자금을 바탕으로 1984년 실리콘밸리에서 통신기술 관련 기업가를 지원하는 벤처 캐피털 '데프타 파트너즈DEFTA Partners'를 설립하였고 그 이후로 계속해서 젊은 기술자의 비즈니스를 지원하고 있다.

그뿐만 아니라 '기술로 세상을 바꾼다'는 비전을 제시하며 실제로 개발도상국의 빈곤을 해결하기 위해 지원하고, 국제연합 등과 연계하여 다양한 공익활동을 펼치고 있다. 또한 현재의 IT산업에 이어 포스트 컴퓨터 시대의 도래를 예측하고 새로운 기간산업을 창출하는 데 주력하고 있다.

'중남미로 건너가 고대 아메리카 원주민에 대해 연구하고 싶다'는 욕망이 불씨가 되어 법학부 출신인 그가 경영학을 공부해서 벤처 투자가가 되고, 나아가 국제사회에 공헌하는 글로벌리스트로 발전한 것이다.

처음에는 그저 작고 사소한 꿈이라도 좋다. 아주 작은 씨앗이라도 우선 심는 것이 중요하다. 그 씨앗이 어떻게 자랄지는 아무도 모른다. 땅을 파고 씨앗을 심고 물을 주는 과정에서 그 씨앗은 그 안에 품고 있던 아무도 모르는 모습을 드러내기 시작할 것이다. 꿈은 실행에 옮기는 과정에서 점점 더 큰 꿈으로 발전해나간다. 이것이 욕망의 본질이다.

자신의 욕망을 적어보라

① 당신은 당신 삶의 주인이다. 그런데 정작 주인인 당신이 자신이 무엇을 가지고 있는지 모른다면 어떻겠는가. 이번 기회에 당신이 가지고 있는 재능을 전부 적어보자.

② 이어서 당신이 실현하고 싶은 욕망을 전부 적어라. 그리고 당신의 재능과 당신의 욕망 중 어떤 것이 실현가능한지 목록을 만들어라.

재능과 욕망은 어떤 식으로 연결될까? 그것은 주인인 당신에게 달려 있다.

모든 욕망은 정화되고 이상화되어야 한다.
그러나 욕망을 없애서는 안 된다.

랍비 엘리야 잘만Elijah ben Solomon Zalman

성공하기 위해 어떤 준비를 해야 할까?

누구나 살면서 꼭 실현하고, 성공하고 싶은 욕망을 마음속 깊이 가지고 있다. 당신 역시 마찬가지일 것이다. 그렇다면 성공하기 위해 당신은 어떤 준비를 하고 있는가?

욕망은 당신과 사물을 이어준다. 물건이나 돈만이 욕망의 대상이 되는 것은 아니다. 애인이 있었으면 좋겠다거나 아이를 갖고 싶다거나 살을 빼고 싶다거나 출세를 하고 싶다거나 음악이나 예술 분야에서 성공하고 싶다는 등등의 마음이 모두 욕망이다. 욕망은 끊임없이 생겨나고 그 욕망 때문에 인간은 좌절하기도 하고 더 높은 곳을 향해 날아갈 추진력을 얻기도 한다. 욕망은 어째서 이렇듯 그치지 않고 생겨나는 것일까?

아마도 프로이트라면 인간의 심층심리[1]에 잠재된 '성욕의 반영'이라 답할 것이다. 또한 아들러라면 '권력욕의 반영'이 욕망으로 드러난 것이라고 주장하겠지만 인간의 욕망은 성욕이나 권력욕만으로는 설명할 수 없다. 이 의문에 대한 가장 설득력 있는 대답은 유대교 신비주의자에게 들을 수 있다.

··········
1. 마음속 깊은 곳에 잠재된 무의식의 영역에서 작용하는 심리현상을 말한다.

오파토슈[2]는 유대교도의 역사를 배경으로 쓴 『폴란드 숲속에서In Polish Woods』라는 작품에서 이렇게 이야기하고 있다.

'욕망의 밑바닥에는 신의 불꽃이 있다. 인간의 마음속 깊이 잠재되어 있는 그것이 밖으로 나오고 싶다고 소리치는 것이 욕망이다.'

'신의 불꽃', 즉 생명 자체가 무엇인가를 호소하며 욕망이 되어 나타난다는 말이다. 생명이 소리치며 어떤 형태가 되고 싶다고 우리 마음에 호소한다. 그리고 각자의 역량이나 재능에 따라 이는 실현되기도 하고 좌절되기도 한다. 그것이 바로 욕망의 비밀이다.

욕망은 인간의 내면에서 조용히 흐른다 _ 마쓰시타 고노스케

다만 욕망의 주인인 본인이 그것을 어디까지 자각하고 파악하고 있는지는 당연히 저마다 차이가 있다. 마음속에 욕망이 생긴 순간부터 그것이 평생의 사명이라고 생각하는 사람도 있을 것이고, 한참 시간이 지난 다음에야 돌아보고 '아아, 그때 그 소망이 결과적으로 지금의 나를 만든 계기인지도 모른다'고 생각하는 사람도 있을 것이다.

한 예로 마쓰시타 고노스케[3] 경우를 보자. 스물두 살의 그는 전기회사에 다니고 있었는데, 어느 날 자신이 개량한 소켓을 상사에게 보여주었다. 그런데 상사는 "마쓰시타 씨, 이것은 쓸모가 없겠어요. 이렇다 할 장점이 없군요. 과장님께 제안할 만한 물건이 아닌 것 같네요"라며 시큰둥한 반응을 보였다. 마쓰시타는 자신이 개량한 소켓을 대량으로 생산하면 회사에 이익이 될 것이라 생각했지만 상사의 생각은 달랐던 것이다.

그 일을 계기로 1917년 마쓰시타는 회사를 그만두고 소켓 개발에 착수했다. 그러나 사업이 처음부터 번창할 리 만무했다. 가진 돈이 바닥나자 소켓 개발은 막다른 길에 몰렸다. 그때 한 지인으로부터 소켓과는 전혀 상관이 없는 주문이 들어왔다. 선풍기 부품인 절연판을 만들어 납품해달라는 의뢰였다. 이 일이 순조롭게 진행된 덕분에 마씨스타는 사업을 그만두지 않을 수 있었고 곧 전등 소켓에 끼워 넣는 플러그와 콘센트에 꽂는 플러그가 잇달아 성공을 거두었다. 그리고 자전거에 장착하는 전조등을 발명하면서 마쓰시타의 회사는 크게 성장했다. 마쓰시타 전기가 소켓을 제조하기 시작한 것은 회사를 창립한 지 꼭 10년이 지난 1929년부터이다. 이후 마쓰시타 전기는 전등, 라디오 등을 제조하면서 사업이 날로 확장되어 오늘날의 파나소닉으로 발전했다.

생명은 인간의 내면에서 조용히 흐른다. 인간은 스스로의 생명

··········
2. 조제프 오파토슈(Joseph Opatoshu, 1886년 1월 1일~1954년 10월 7일)는 폴란드 출신으로 뉴욕으로 이주한 유대인 작가이다. 오파토슈는 유대교 신비주의자 집안에서 태어났다.
3. 마쓰시타 고노스케(松下幸之助, 1894년 11월 27일~1989년 4월 27일)는 와카야마 현의 작은 지주 집안에서 태어났다. 부친이 파산하자 아홉 살 때부터 화로가게 점원으로 일했다고 한다. 마쓰시타 전기공업의 창립자이다.

을 자각하거나 의식하지 않는다. 그러나 주위 상황과 환경에 따라 생명은 점차 자신을 표현하고 욕망은 형태를 드러낸다.

생명이 인간의 내면에서부터 솟아오른다는 점에서 프랑스의 철학자 베르그송[4]이 주장하는 '생명의 도약' 개념도 오파토슈가 말하는 '신의 불꽃'과 뿌리가 같다. 왜냐하면 오파토슈와 베르그송 모두 집안 대대로 유대교 신비주의 운동의 일파인 '하시디즘[5]' 신자였기 때문에 그 가르침을 잘 알고 있었던 것이다.

하시디즘에서는 "욕망이 잡념이 되어 사람을 덮친다. 욕망에 에워싸여 포로가 된 신의 불꽃이 하늘로 올라가기를 바라며 인간을 움직이기 때문이다"라고 가르친다.

욕망이 인간을 움직이도록 자극하고 인간은 그에 반응하여 여러 가지 시행착오를 거듭하면서 인간 속에 내재된 충동이 원하는 방향으로 나아가는 것이다.

마쓰시타 고노스케의 이야기에서도 알 수 있듯이 욕망이나 소망은 인간 생명의 근간에서 솟아난다. 그래서 최초에 품은 소망대로 되지 않더라도 그 연장선상에서 모양을 바꿔 실현해간다. 마쓰시타의 경우 절연판이나 플러그, 자전거 전조등에 이어 소켓, 라디오, 텔레비전으로 계속해서 소망이 연쇄작용을 일으켜 오늘날의 거대 사업을 이룩하게 되었다.

이 연쇄반응은 18세기의 동유럽과 독일의 유대사회에서 막대한 영향력을 발휘한 랍비 엘리야 잘만[6]의 다음 말로 설명된다.

"모든 욕망은 정화되고 이상화되어야 한다. 그러나 욕망을 없애 서는 안 된다."

랍비 엘리야도 스피노자와 마찬가지로 욕망을 부정하지 않았다.

욕망의 실현을 준비하라 _ 레비에프

랍비 엘리야의 말을 오늘날 그대로 실행에 옮긴 듯한 인물이 있 다. 세계 최대의 다이아몬드 상인이라 불리는 레비에프[7]이다.

레비에프는 1956년 구소련(현 우즈베키스탄) 타슈켄트에서 태어 나 1971년 이스라엘로 이주했다. 가난한 집안에서 태어난 레비에 프는 학비가 싼 종교 학교에 입학했지만 몇 달 만에 그만두고 다 이아몬드를 연마하는 견습공이 되었다. 그 후 병역을 마친 그는 무 일푼 상태에서 다이아몬드 상인으로 나섰다. 어느 날 레비에프는 친구인 라프스에게 속내를 털어놓았다.

....
4. 앙리 베르그송(1859년 10월 18일~1941년 1월 4일)은 파리에서 폴란드계 유대인 아 버지와 영국인 어머니 사이에 태어났다. 1927년 노벨 문학상을 수상했다.
5. 하시디즘(Hasidism)은 히브리어 'Hasid(경건한 자)'에서 유래했으며 유대교의 초정 통파 운동이다. 1736년 랍비 이스라엘 벤 엘리에제르(Israel ben Eliezer)에 의해 폴 란드에서 시작되었다.
6. 랍비 엘리야 벤 솔로몬 잘만(1720년 4월 23일~1797년 10월 9일)은 방대한 지식과 날카로운 논리로 '빌나(리투아니아의 수도 빌뉴스를 가리킨다)의 가온(위대한 현자)' 으로 불렸다.
7. 레브 레비에프(Lev Leviev, 1956년 7월 30일~)는 타슈켄트에서 태어난 유대인 실업 가이다.

"이봐, 우리에게 필요한 게 뭔지 알아?"

"뭔데?"

"우리가 당장 손에 넣어야 할 것은 가공되지 않은 다이아몬드 원석이라고."

"그걸 무슨 수로 구할 수 있겠어?"

라비에프는 다이아몬드 원석을 여러 개로 자른 뒤 연마해서 상품으로 만들 생각을 했다. 잘라진 파편도 잘 연마하면 상품이 된다. 원석을 손에 넣을 수만 있다면 어마어마한 이익을 챙기게 되는 셈이었다.

하지만 그 당시에는 아무나 다이아몬드 원석을 손에 넣을 수 없었다. 남아프리카의 세계적인 다이아몬드 회사 드비어스DE BEERS 가 다이아몬드의 제품 가공과 유통을 독점하며 전 세계 다이아몬드 시장의 80퍼센트 이상을 거머쥐고 있었기 때문이다.

드비어스사는 '사이트 홀더Sight Holder'라고 불리는 다이아몬드 1차 중개인 제도를 만들어 사이트 홀더만이 다이아몬드 원석, 즉 미완성의 다이아몬드를 구입할 수 있도록 했다. 사이트 홀더는 전 세계 다이아몬드 가공업자와 대형 거래상 중에서 선별한 단 125명으로 이루어진 신디케이트(기업 연합)이다.

사이트 홀더는 매년 수십 차례에 걸쳐 런던의 드비어스사에서 다이아몬드를 거래한다. 드비어스사가 내놓은 다이아몬드 원석을 보고 드비어스사가 제시한 가격에 살지 말지를 즉석에서 결정해야 했다. 게다가 드비어스사는 사이트 홀더에게 판매한 원석을 누가 커팅하고, 누가 연마하고, 누구에게 팔 것인가까지 지시했다.

갓 제대한 20대 초반의 레비에프처럼 영세한 다이아몬드 상인이 다이아몬드 원석을 구입하려면 기껏해야 2차 취급인으로 불리는 업자에게 매우 소량의 밀수품을 사는 것 외에는 방법이 없었다. 그 방법 외에 원석을 손에 넣으려면 엄선된 소수의 엘리트 상인, 즉 사이트 홀더가 되어야만 했다. 그래서 레비에프는 사이트 홀더가 되기 위해 드비어스사에 응모했다.

그러나 사이트 홀더로 선정되기란 결코 쉬운 일이 아니었다. 먼저 드비어스사가 원하는 가격으로 원석을 구입할 수 있는 자금을 갖고 있어야 했다. 그러나 그보다 더 힘든 것은 유대인 상인이 대부분인 다이아몬드 업계에서 인종차별의 벽을 뛰어넘는 것이었다. 레비에프는 중앙아시아 출신이었다.

그러나 레비에프는 근면함과 나무랄 데 없는 사업수완을 인정받아 80년대 초 젊은 나이에 사이트 홀더가 되었고 사업은 급속도로 발전하기 시작했다.

80년대 후반이 되자 드디어 레비에프에게 기회가 찾아왔다. 오랫동안 드비어스사와 손을 잡고 이익을 챙겨온 구소련의 공산당 지도부가 붕괴되기 시작한 것이다.

'그래, 소련과 거래를 하면 무언가 새로운 일을 할 수 있을지도 몰라.'

고민 끝에 레비에프는 뉴욕의 브루클린으로 날아가 가족이 몸 담고 있던 유대교 하시디즘(유대 종교사상에 나타난 율법의 내면성을 존중하는 경건주의 운동 – 옮긴이) 루바비치Lubavitch파의 최고 지도자인 랍비 메나헴 슈니어슨Menachem Mendel Schneerson에게 직접 조언을 청했다.

"러시아로 가는 게 좋을까요?"

슈니어슨은 러시아어로 대답했다.

"가라, 러시아로 가서 사업을 해라. 그리고 유대인을 도와주는 걸 잊지 마라. 네 가족의 뿌리를 명심하라."

슈니어슨의 축복을 가슴에 품고 레비에프는 러시아로 향했다. 그리고 구소련 지역에 있는 루바비치파의 네트워크와 유대인 인맥을 활용해서 구소련 지역 전체에 걸친 다이아몬드 사업의 청사진을 공산당 지도부에 피력하는 데 성공했다.

그런데 러시아와 사업을 하려면 드비어스사가 장악하고 있는 기업연합인 사이트 홀더로서의 지위를 포기해야 했다. 만약 러시아와의 직접 교섭이 실패하면 그동안 레비에프가 쌓아왔던 모든 권익을 잃게 될 수 있는 상황이었다. 오랫동안 고심하던 레비에프는 드비어스사와 결별하기로 마음을 굳혔다.

1991년 구소련이 붕괴되자 이듬해 러시아 공화정부는 다이아몬드 원석의 일부분을 처음으로 레비에프를 통해 시장에 공급하기 시작했다. 다이아몬드 업계에서는 그야말로 충격적인 사건이었다. 드비어스사를 경유하지 않고도 다이아몬드 유통이 가능하다니! 믿기 어려운 일이었다.

레비에프가 드비어스사의 독점체제를 무너뜨린 것이다. 오늘날 레비에프는 다이아몬드의 생산에서 원석의 가공, 연마, 유통에 이르는 전 과정을 장악하는 세계 최대의 다이아몬드 업자가 되었다. 레비에프의 사업은 앙골라의 다이아몬드 광산에서부터 텍사스의 세븐일레븐 계열의 기업에 이르기까지 그 활동영역을 확대하고 있다.

현재 총자산이 80억 달러가 넘는 레비에프는 매년 약 5,000만 달러를 사회사업에 기부하고 있다. 그런데 이 기부금은 오직 구소련 지역에 거주하는 유대인, 특히 중앙아시아 고원 지역의 유대인만을 위해 쓰인다. 레비에프는 구소련 지역에 있는 500개 이상의 유대인 커뮤니티를 위해 유대인 학교, 시나고그(유대교 회당), 고아원, 커뮤니티 센터를 설립하는 한편 식사 서비스도 제공하고 있다. 자신의 욕망을 실현하여 얻은 이익으로 어려움을 겪고 있는 동포를 도우며 사회사업에 헌신하고 있는 것이다.

지금까지 레비에프에 관한 이야기를 꽤 길게 했는데, 이 이야기의 목적은 현재 레비에프가 얼마나 성공했는지를 알리는 것이 아니다. 레비에프가 1970년대 중반의 어느 날, 친구 라프스에게 다이아몬드 원석을 취급하는 상인이 되고 싶다는 포부를 털어놓았을 때, 그 친구조차도 레비에프의 야심을 믿지 못했다는 사실을 기억하라.

레비에프는 가까운 친구도 믿어주지 않는 자신의 야심을, 그 욕망을 포기하지 않았다. 레비에프는 그 욕망을 실현하기 위해 노력하고, 착실하게 자신이 원하는 형태로 완성해갔다. 사실 레비에프의 꿈은 훨씬 어린 시절부터 이미 시작되고 있었다. 그는 이렇게 말한다.

"나는 내가 부자가 되리라는 사실을 결코 의심하지 않았습니다. 여섯 살 때부터 이미 내가 대부호가 되리라는 것을 알고 있었어요. 아버지와 함께 여러 보석상을 둘러보러 다닐 때마다 아버지가 상점 주인과 이야기를 나누는 동안 나는 상품을 평가하고 있었지요."

언젠가는 반드시 꿈을 이루리라 소망했던 레비에프는 어린 시절부터 무엇이든 열심히 배웠고, 또 배운 것을 자신 안에 차곡차곡 쌓았다. 늘 주의 깊게 관찰하고, 매일 작은 노력을 게을리 하지 않던 레비에프의 성실함을 눈여겨보기를 바란다.

사회에 도움이 되는 욕망,
실현하기 어려워 보이는 욕망이 있는가?

① 당신이 지금 당장 실현하고 싶은 욕망은 무엇인가? 전부 노트에 써
보라.
② 그중에서 5년이 걸리더라도 실현하고 싶은 욕망은 무엇인가? 또
10년이 걸리더라도 실현하고 싶은 욕망은 어떤 것인가?
③ 그 가운데 당신이 실현하기 어려울 것 같은 욕망이 있는가?
④ 사회를 위해 조금이라도 도움이 되는 야심은 어떤 것인가?

실현하기 어려울 것 같다고 여기는 욕망이 있다면 당신은 이미 변명을
준비하고 있는 것이다. 그러므로 그것은 재빨리 욕망 목록에서 지워버
려라.
사회에 도움이 되는 욕망은 당신의 존재 가치를 높인다. 그러므로 그
욕망을 실현하기 위한 설계도를 그려보라.

번영의 시대에는 모두 형제가 된다.

랍비 요하난Yohanan ben Zakkai

장기적인 안목을 가져라

'성급하게 쌓아올린 부는 금방 무너져버린다'는 유대의 격언을 혹시 알고 있는가? 욕망에 다가서는 방법에는 장기적인 것과 단기적인 것, 두 가지 접근이 있다. 단기적 접근은 욕망을 만족시키려 한다. 반면 장기적 접근은 욕망을 실현하려 한다.

단기적 접근은 욕망을 성급하게 만족시키려 하기 때문에 당장 만족하지 못하면 그것을 포기하지도 이루지도 못하고 마음속 깊은 곳에 불만이 되어 쌓이기 쉽다. 그렇기에 갑자기 폭발하거나 때로는 폭력적이 되기도 한다. 돈 때문에 강도짓을 하는 등의 극단적 행동이 전형적인 단기적 접근의 예이다. 성욕을 억제하지 못한 남자가 종종 범죄를 저지르는 것도 말할 것 없이 욕망의 단기적 접근이 초래하는 폐해의 한 예이다.

자기 자신에게 폭력적이 되는 경우도 있다. 예를 들어 돈이 없다고 자살하거나 혹은 자살까지는 아니어도 가난하다고 고민하면서 자신의 삶과 운명을 저주하는 행동이 그러하다. 이는 정신적으로 자신을 괴롭히고 학대하는 것이며, 자신에게 폭력을 휘두르는 것과 다름없다.

어떤 사업을 시작하고 싶어하는 사업욕도 단기적으로 접근하면, 성공에만 급급해서 실패를 초래하기 십상이다. 예를 들어 상가 입지가 좋음에도 불구하고 계속해서 주인이 바뀌는 가게가 있다. 대부분 입지 조건만 보고 덜컥 가게를 여는 경우다. 유동인구의 성향을 꼼꼼히 분석하지도 않고 혼자만의 생각만 믿고 가게를 냈기 때문에 이 같은 현상이 벌어지고 마는 것이다.

소박한 감각으로 인기를 얻은 레스토랑

벌써 30년 전의 일이다. 내가 살고 있던 맨션 맞은편의 공단 아파트 1층에 다섯 개의 점포가 들어섰다. 레스토랑 두 곳과 숙녀복 가게, 양품점, 세탁소였는데 그중 레스토랑 한 곳은 3개월 만에 문을 닫고 말았다. 그 후로도 계속 주인이 바뀌었는데 도무지 그 이유를 알 수 없었다.

그러다가 어느 토요일에 보니 맞은편 상가에서 공사가 한창 진행되고 있었다. 그런데 아무리 봐도 일을 하는 사람이 전문 인테리어 업자나 건축업자는 아닌 것 같았다. 초보자들이 레스토랑을 꾸미고 있는 것이 분명했다. 2주 후에 문을 연 레스토랑은 친구들과 지인들을 초대해서 개점 파티를 하는지 북적거렸다. 하지만 그 모습을 보면서 다음 날부터는 손님이 별로 없을 것 같다는 생각이 들었다.

레스토랑은 겉모습만 봐도 초보자가 꾸몄다는 것을 금방 알 수 있을 정도로 소박했다. 나는 멋지게 꾸민 이웃 레스토랑에 밀려 금방 문을 닫게 되리라고 확신했다.

초보자가 과연 레스토랑을 어떻게 꾸몄을까 궁금해진 나는 그 레스토랑 앞에 가서 유심히 살펴보았다. 레스토랑 앞에는 '수제 커피'라고 손으로 쓴 포스터가 붙어 있었다. 그러고 보니 당시 내가 살던 주택가 근처에는 수제 커피 전문점이 하나도 없었다.

그래서 하루는 큰마음을 먹고 아내와 함께 그 레스토랑에 가보 았다. 탁자와 의자, 카운터도 일일이 손으로 만든 것이었다. 바닥 에는 벽돌이나 타일 대신 나뭇결이 훤히 드러나는 투박한 원목 조 각들이 깔려 있었다. 무언가 뒤죽박죽인 듯하면서도 시골집처럼 편안한 느낌을 주는 레스토랑이었다.

커피를 주문했더니 눈앞에서 직접 원두를 갈아 내린 뜨거운 커 피를 갖다 주었다. 미국이나 프랑스, 이스라엘 그 어느 곳에서 마 신 커피보다도 맛있었다. 그때부터 우리 부부는 완전히 그 레스토 랑의 단골이 되고 말았다.

요리도 처음에는 그저 그랬는데 점점 나아지더니 또한 누가 먹 어도 맛있다고 칭찬할 정도로 솜씨가 좋아졌다. 또한 손님이 많아 서 정신이 없을 때에는 단골들이 나서서 일을 거들 정도로 모두가 좋아하는 인기 레스토랑이 되었다. 몇 달 만에 문을 닫으리라 예 상했던 그 레스토랑은 30년이 넘도록 손님이 끊이지 않는 유명한 곳이 되었다.

작은 아이디어와 노력으로 내 편을 늘려라

욕망에 장기적으로 접근하는 사람은 성급한 결과를 바라면서 안달하지 않는다. 개점 자금은 한정적일지라도 마음을 담아 힘이 닿는 데까지 그야말로 나무 벽돌을 하나하나 쌓는 마음으로 시작하는 것이다. 레스토랑을 찾는 한 사람 한 사람을 손님으로 만들고 단골을 늘려간다. 그 결과 화려하지는 않지만 착실하게 자신이 그린 꿈을 실현해간다. 이것이 그 레스토랑의 성공 비결이었다.

또 그 레스토랑 주인은 취미가 다양했는데, 처음에는 레스토랑에서 자신이 몸담고 있던 밴드의 연주회나 유화 전시회를 열고 싶다는 꿈도 갖고 있었다. 하지만 실제로 레스토랑을 시작해보니 밴드 연주회나 전시회가 손님의 취향과 맞아떨어지지 않는다는 사실을 깨닫게 되었다고 한다.

장기적 욕망을 실현하려면 장기적인 비전도 필요하지만 무엇보다도 눈앞의 현실에 대응하면서 자신의 비전이나 꿈의 궤도를 수정하는 유연성이 있어야 한다. 이 레스토랑에 오는 손님 중에 겨울에는 스키, 여름에는 다이빙을 즐기는 사람이 있다는 사실을 알게 되었다. 그래서 레스토랑 주최로 겨울에는 스키 여행을 떠나고 여름에는 오키나와로 다이빙을 하러 떠나기도 했다.

30년 동안 손님은 세대교체를 했지만 스키 여행과 다이빙 여행은 계속되었다. 유감스럽게도 주인의 건강이 나빠지면서 지금은 없어지고 말았지만 정말 좋은 레스토랑으로 기억에 남아 있다.

장기적 접근으로 욕망을 실현하려면 작은 아이디어와 더불어 꾸준한 노력으로 손님과 내 편을 늘려가는 것이 중요하다는 사실을 그 레스토랑을 통해 배웠다.

욕망의 대상이 사업이건, 학문 연구건, 예술이나 무용, 연극 또는 전대미문의 창조적인 활동이건 기본은 앞서 예로 든 레스토랑의 경영과 똑같다. 손이 닿는 곳부터 먼저 한 걸음 내딛는 것이다. 물론 친구들의 축복이 함께한다면 더욱 좋을 것이다.

그런 다음 꾸준히 맛있는 커피를 만들어내기 위해 노력하는 것이다. 오늘보다 내일 더 맛있는 커피를 만들려고 노력하는 것만으로도 충분하다. 욕망은 하루아침에 이루어지지 않는다. 욕망의 실현을 간절히 원한다면 장기적인 시각을 가져야 하고 그 안에서 유연성을 발휘해야 한다.

자신보다 모두의 행복을 중시하라

유대인 사회에는 1세기부터 2세기에 걸쳐 현인들의 어록을 모아 엮은 『미드라쉬Midrash』라는 문헌이 있다. 미드라쉬는 '해석'으로도 번역되는데, 여러 현인들의 말씀 중에서 『성경』에 관한 설화를 발췌해서 성경 어구에 맞춰 편집한 기록이다.

『미드라쉬』에는 당시 시대상을 반영한 말씀이 많다. 그 점에서 유대의 율법을 중심으로 주로 법령의 판례를 모아놓은 『탈무드』와는 사뭇 대조적이다. 『미드라쉬』에는 인간의 사회심리를 날카롭게 꿰뚫어보는 어구도 많다. 그중에 '번영의 시대에서는 모두 형제가 된다'라는 구절이 있는데 3세기의 현인인 랍비 요하난이 한 말이다.

유대 역사를 볼 때 3세기에서 5세기까지는 비교적 평화로운 시대였다. 기원후 70년에 로마군은 예루살렘을 파괴했고 유대인은 나라를 잃었다. 뿐만 아니라 로마 제국은 유대인의 땅을 '팔레스티나'라는 이름으로 바꾸고 식민지로 삼았다. 135년에는 유대의 독립운동가들이 조국의 독립을 위해 다시금 로마 제국에 대항하여 반란을 일으켰지만 실패로 끝나고 말았다. 이 사건으로 팔레스티나의 유대인은 기를 펴지 못했다.

그래도 3세기부터 5세기에 걸쳐서는 더 이상 전란이 없는 평화로운 삶이 이어졌다. 그러한 시대 배경에서 요하난은 '번영의 시대에서는 모두 형제가 된다'라고 말했던 것이다. 좀 더 정확히 말하자면 요하난은 '사랑과 형제애에 넘쳐 모두 기쁨의 환호성을 지른다'고 말했다.

사실 전란이 계속되면 인간은 자신의 야심이나 욕망을 실현하기 곤란하다. 나폴레옹Napoléon Bonaparte이나 카이사르(시저), 오다 노부나가(織田信長, 일본 전국 시대의 무장－옮긴이) 등 무리하게 자신의 야심을 만족시키려 했던 사람은 모두 좌절을 맛보지 않았는가? 모두가 번영을 누리는 사회를 실현하는 것이야말로 우리의 욕망을 실현하는 데 매우 중요한 조건인 것이다.

사회가 어지럽고 내일 당장 어떻게 될지 모르는 세상에서는 장기적 안목을 가질 수가 없다. 아무리 간절한 욕망이 있어도 이를 위해 차곡차곡 준비할 여건이 허락되지 않기 때문이다. 욕망을 두루 실현시키기 위해서는 다 같이 번영을 누리는 환경을 만들어야 한다. 이는 모두에게 주어진 과제이다.

행복한 생활을 위해서는
이기주의와 이타주의 둘 다 필요하다.
양쪽 모두 윤리적 동기가 된다.
이 두 가지가 균형을 이룰 때
올바른 삶을 영위할 수 있다.

허버트 사무엘Herbert Samuel

함께하는 균형 잡힌 삶

2011년 10월 5일, 애플사의 창업자 스티브 잡스[1]가 56세의 나이로 세상을 떠났다. 잡스의 죽음에 관한 뉴스는 순식간에 전 세계로 퍼져 나갔다. 세계에서 가장 오래된 경제지인 영국의《이코노믹스Economics》는 잡스의 죽음 직후 발행한 최신호 표지에 '마술사 스티브 잡스와 그가 창조한 세계'라는 표제를 내걸고 잡스를 추모했다. 실제로 잡스는 '아이맥imac', '아이팟ipod', '아이폰iphone' 등 새로운 기능의 제품을 시장에 내놓으면서 마치 세상을 새롭게 창조한 듯했다. 게다가 잡스는 65억 달러에 이르는 막대한 재산을 남기고 세상을 떠났다.

잡스의 삶은 그야말로 마술처럼 파란만장했다. 잡스는 태어나자마자 양자로 입양되었는데, 양부모가 가난했기 때문에 어렵게 들어간 대학을 반년 만에 중퇴할 수밖에 없었다. 아타리 사[2]에 근무하던 잡스는 친구인 스티브 워즈니악[3]과 의기투합하여 '누구나

....
1. 스티브 잡스(Steve Jobs, 1955년 2월 24일~2011년 10월 5일)는 시리아인 정치학자와 미국인 여자 대학원생 사이에서 출생했지만 태어나자마자 입양되었다. 대학을 중퇴한 뒤 아타리 사에서 근무하다가 독립해서 애플사를 설립했다.
2. 아타리(Atari) 사는 미국의 비디오 게임 회사이다. 1972년에 놀란 부쉬넬(Nolan Bushnell)이 창업했다.

개인용으로 쉽게 사용할 수 있는 컴퓨터'를 만들기로 하고 1976년 애플 컴퓨터사를 설립했다. 이로써 본격적인 '퍼스널 컴퓨터'가 탄생하게 된다. 아울러 '퍼스널 컴퓨터'라는 용어 자체도 잡스가 만든 신조어이다.

그러나 잡스는 1985년 자신이 설립한 애플사에서 쫓겨났다. 회사를 위해 전 펩시코(PepsiCo, 미국의 대표적인 청량음료 제조업체–옮긴이)의 임원이었던 존 스컬리John Sculley을 영입했는데, 바로 그가 잡스를 몰아낸 것이다. 잡스는 끓어오르는 분노를 삼키며 묵묵히 애플을 떠날 수밖에 없었다.

보통 사람이라면 자신에게 그런 짓을 한 회사 근처에는 얼씬거리지도 않을 것이고, 그 지역에 살고 싶지도 않을 것이다. 그러나 잡스는 자신의 적이 승승장구하는 실리콘밸리를 떠나지 않고 새롭게 교육용 워크스테이션 회사인 넥스트NeXT와 컴퓨터 그래픽 회사인 픽사Pixar를 설립했다. 픽사는 세계 최초로 컴퓨터 애니메이션 영화를 제작해서 주목을 받으며 디즈니사와 제휴하는 등 대성공을 거두었다. 현재 입체 동영상 분야에서 픽사에 대적할 만한 회사는 없다.

그런데 잡스를 몰아내는 데 성공했지만 하이테크 기술 분야에서는 문외한이었던 스컬리는 애플사의 성장에 도움이 되지 못했고 결국 실각하고 만다. 한편 1996년에 애플이 픽사를 매입하면서 마침내 잡스는 연봉 1달러라는 조건으로 애플의 임시 CEO에

복귀했다. 이어 2000년에 정식으로 CEO에 취임한 뒤 참신한 디자인의 '아이맥'을 비롯해 과거 애플의 이미지를 갱신하는 신제품을 잇달아 출시하기 시작했다.

특히 2007년 1월에 출시한 '아이폰'은 휴대전화의 상식을 완전히 깨뜨렸다. 이 대대적인 성공으로 2011년 10월 현재 애플사의 자산 규모는 3,500억 달러가 되어 마이크로소프트[4] 사의 2,200억 달러를 훌쩍 뛰어넘었다.

잡스가 이룬 성공과 부에 관한 이야기를 듣고 어쩌면 당신은 마냥 부러울지도 모른다. 그러나 만약 당신이 잡스의 인생에서 뭔가를 배우고, 잡스처럼 실천한다면 당신 또한 잡스처럼 성공할 수 있을 것이다.

잡스는 가난했기 때문에 갖은 고생을 했다. 그래서 어떤 면에서는 욕심이 많았고 돈을 버는 데 열심이었다. 애플사를 창업하기 전의 일이다. 잡스는 아타리 사로부터 블록 깨기 게임인 '브레이크아웃'의 제작을 의뢰받았는데, 보수를 절반으로 나눈다는 조건을 걸고 친구인 워즈니악에게 도움을 받았다. 그리고 아타리 사에서 받은 보수의 절반이라며 350달러를 워즈니악에게 주었다. 하지만

....
3. 스티브 워즈니악(Stephen Gary Wozniak, 1950년 8월 11일~)은 캘리포니아 출신의 컴퓨터 엔지니어로 그의 아버지는 록히드사(Lockheed Corporation)의 엔지니어였다. 애플사의 공동 설립자이다.
4. 윈도우즈(Windows)를 비롯한 세계 최대의 컴퓨터 소프트웨어 회사이다. 1975년에 빌 게이츠(Bill Gates)가 설립했다.

사실 잡스가 아타리 사에서 받은 보수는 5,000달러였다. 당시에 5,000달러는 한 사람이 1년 동안 넉넉하게 생활할 수 있는 금액이었다. 워즈니악은 나중에 이 사실을 알고도 그럴 정도로 잡스의 생활이 어려웠다고 이해해주었다고 한다.

1975년에 잡스는 워즈니악과 함께 애플 1호기를 만들었고, 1977년에 마이크 마쿨라Mike Markkula의 투자를 받아 애플을 법인화했다. 이후 애플 2호기를 발매하면서 애플 사는 본격적으로 성장하기 시작했다.

세상을 행복하게 한 이기주의자

여기에서 짚고 넘어가야 할 것은 애플을 성장시킨 원동력이 성공하겠다는 잡스의 이기주의[5]만은 아니라는 점이다. 워즈니악의 넓은 도량, 타인에게 공감하는 동정심과 친구에게 협력을 아끼지 않은 이타주의[6]가 결합되어 애플은 성장했다. 워즈니악은 애플사의 주식을 상장할 때 자신이 소유한 주식의 절반을 사원이 살 수 있도록 내놓았다. 또한 에이즈 환자의 지원 기금을 마련하는 등 타인에 대한 배려를 잊지 않았다.

그렇다면 잡스는 철저한 이기주의자였을까? 그렇지 않다. 잡스도 어떤 의미에서는 위대한 이타주의자였다. 잡스는 기술 중심으로 제품을 개발하지 않았다. 항상 사용자의 시선과 의식을 중심에 놓고 제품 개발을 구상했다. 실용적인 편리성은 물론 생활에 도움이 되거나 마음이 즐거워지거나, 기분이 편해지는 등 눈에는 보이지 않아도 어떤 형태로든 사람들에게 혜택을 줄 때 비로소 자신의 욕망도 실현된다.

이런 사실을 알고 있던 잡스는 타인의 능력을 최대한 활용해서 누구에게 어떤 일을 시킬지 늘 생각했다. 재능 있는 인물을 고용하고, 특별한 재능을 인정하면서도 자신의 요구를 엄격히 제시했다. 그렇기에 애플을 세계 최고의 기업으로 끌어올릴 수 있었다.

인간은 혼자만의 힘으로는 욕망을 실현할 수 없다. 자신의 이기주의를 실현하려면 타인을 향한 배려심을 어딘가에 감추고 있어야 한다. 어쨌거나 인간이 아주 편안한 마음으로 언제든지 곧바로 사용할 수 있는 상품을 만들어낼 수 있다는 건 얼마나 멋진 일인가? 자신의 욕망을 실현하기 위해서는 그 욕망에 집중함과 동시에 타인의 욕망까지 배려해야 한다. 더 편리하고 더 아름답고 더 안락한 삶을 열망하는 타인의 욕망에 집중할 때, 자신의 욕망도 실현에 한 걸음 더 가까워진다.

....
5. 이기주의(利己主義)란 자기 이익에 집착하여 타인이나 사회의 이익은 고려하지 않는 입장을 말한다.
6. 이타주의(利他主義)란 이기주의와는 반대로 자기 자신보다는 타인의 복지에 관심을 갖는 것을 말한다.

우리가 선을 인식하는 것은
그것이 부족할 때이다.

랍비 모셰 젠트리Moshe Gentry

배려하며 욕망하라

인간은 모두 자신의 행복을 위해 욕망을 품는다. 이렇게 말하면 다음과 같이 대답하는 사람도 있을 것이다.

"나는 행복해지고 싶다는 욕망을 품어본 적이 없어요. 나에게는 나의 행복보다 타인의 행복이 더 중요해요. 불쌍한 처지에 있는 사람을 보면 그냥 지나칠 수 없어서 사회복지 활동을 하고 있어요."

그런 사람에게는 그저 "아, 그렇습니까? 정말 훌륭한 마음가짐입니다"라고 답해야 할지 모른다.

그러나 그중에는 복지활동을 자신의 생계수단으로 삼아 급여나 퇴직금을 받고 있는 사람도 있다. 사회복지 활동이나 자원봉사 활동을 한다고 해서 그 사람이 반드시 타인의 행복만을 바라는 것은 아니라는 뜻이다. 온전히 타인의 행복만을 욕망하는 사람은 극히 드물다.

본래 불쌍한 처지에 있는 사람을 보면 그냥 지나칠 수 없다고 말하는 그 사람도 어떤 의미에서는 불쌍한 사람이다. 그는 자신의 만족을 위해 사회복지 활동에 그렇게 열심인 것이다. 그것을 하지 않으면 자신의 마음이 우울해지기 때문에, 타인을 돕고 있다는 사실에서 위안을 받기 때문에 사회복지 활동을 한다고 볼 수 있다.

보통 타인을 행복하게 해주고 싶다고 말하는 사람은 자신이 충분히 행복하다고 생각한다. 그러나 그 사람은 자신이 충분히 행복하다고 생각하면서도 한편으로 뭔가 마음에 걸리는 것이 있는 사람이다. 다시 말해 자기 자신이 만족하는 것만으로는 충분히 만족스럽지 않기 때문에 타인에게까지 마음을 쓰는 것이다. 사람에 따라서는 경제적으로 충족되어도 마음은 채워지지 않을 수 있다.

타인의 행복과 자신의 욕망을 양립시켜라

그런 인간심리의 모순에 대해 유대인 나사렛 예수는 다음과 같이 말했다.

"마음이 가난한 자는 복이 있나니 천국이 저희 것이요."

마음이 만족스럽지 못하다는 사실을 깨달았다면 선행을 해서 마음의 평안을 찾자, 가능하다면 천국에 갈 수 있다는 약속을 받고 안심하고 싶다, 인간은 그렇게 생각하는 것이다.

물질적 만족이 곧바로 정신적 만족으로 이어지지는 않는다. 북인도의 왕자였던 석가모니가 출가해서 진정한 마음의 평안을 찾고자 했던 이유도 여기에 있다. 동서양의 종교나 문화가 다를지라도 모든 인간의 내면은 항상 이 문제로 갈등한다. 평안을 찾는 마음도 하나의 바람이라는 의미에서 또한 욕망인 것이다.

타인에게 도움이 되는 일을 하고 싶다는 생각은 얼마나 훌륭한가? 그러나 보다 냉정하게 사회봉사에 대해 살펴보면 사실은 자신 안의 부족함을 채우기 위한 행동일 때가 많다. 타인에게 도움이 되는 일을 함으로써 자신의 허전함과 불편함을 해소하려는 것이다. 어쩌면 이것이 사회봉사나 자선사업의 본질이 아닐까?

인간은 자신을 만족시키는 것을 선 혹은 행복이라 여기고, 자신을 만족시키지 못하는 일을 불행 혹은 악이라 생각한다. 그렇다면 자신도 만족하고 타인도 만족시키는 상태는 선의 최대 공약수이므로 크게 칭찬을 받을 만하다.

타인의 행복과 자신의 사업욕을 양립시켜 선을 실현하려는 욕망의 한 예가 스티브 잡스가 남긴 아이팟이나 아이폰, 마크 주커버그[1]가 실현한 페이스북[2]의 세계가 아닐까?

돌산을 무너뜨리기 위해 다이너마이트를 발명한 노벨[3]도 마찬가지이다. 나아가 노벨은 발명으로 얻은 막대한 부를 기금으로 내놓고 세계에 공헌한 학자와 사회활동가에게 노벨 물리학상·화학

....
1. 마크 주커버그(Mark Zuckerberg, 1984년 5월 14일~)는 미국의 프로그래머이며 기업가이다. 뉴욕 주의 유대교 가정에서 태어난 주커버그는 하버드 대학에 다니던 시절 소셜네트워크 서비스(SNS)인 '페이스북'을 개설하고 CEO에 취임했다.
2. 페이스북은 2004년에 미국 학생을 대상으로 제공된 소셜네트워크 서비스이다. 2011년 9월 현재 전 세계 8억 명의 사용자를 보유한 세계 최대의 SNS가 되었다.
3. 알프레드 노벨(Alfred Bernhard Nobel, 1833년 10월 21일~1896년 12월 10일)은 스웨덴 스톡홀름에서 태어난 화학자이다. 1866년에 다이너마이트를 발명해서 막대한 부를 얻었는데 과학의 진보와 세계의 평화를 염원한 그의 유언에 따라 노벨상이 제정되었다.

상·생리의학상·의학상·문학상·평화상을 수여하라는 유언을 남겼다(노벨 경제학상의 정식 명칭은 '알프레드 노벨을 기념하는 스웨덴 중앙은행 경제학상'이며 1968년부터 시작되었다 – 옮긴이).

포드[4]가 자동차를 발명한 것도 본래는 채소와 과일이 시들기 전에 농민들이 수확물을 즉시 도시로 가져가 팔도록 하기 위해서였다. 또한 세계적인 자동차 회사 도요타의 전신인 도요타 자동방직기는 당시 여성들이 해오던 베 짜는 작업을 쉽게 하기 위해 만들어졌다. 그리고 작업장에서 일할 때 신는 신발이 잘 찢어져서 신발바닥에 고무를 대어 내구성을 높인 것이 브리지스톤Bridgestone사가 타이어를 생산하게 된 출발점이다. 막대한 부를 축적한 거대 기업이 탄생하게 된 원점은 모두 많은 사람에게 도움이 되고자 하는 생각에서 비롯되었다.

성급하게 굴지 마라

손쉽게 돈을 벌고 싶다면 높은 이자를 받고 돈을 꿔주는 방법이 최고다. 과거 일본에서는 대형 소비자금융 회사의 사장이나 회장이 늘 고액 납세자 목록의 상위권을 차지했었다. 그러나 높은 이자와 불법추심 등이 문제가 되면서 법률이 개정되어 지금은 그 기세가 한풀 꺾였다. 고리대금으로 축적한 부가 오래가는 경우는 거의 없다. 게다가 사람을 죽음으로까지 내모는 사업에 대한 세간의 시선이 고울 리 없지 않은가?

그 밖에 손쉽게 돈을 버는 방법으로는 복권이 있다. 일본에서는 연말이나 여름이 되면 억만장자를 꿈꾸며 복권을 사는 사람이 늘어난다. 물론 즐거운 꿈이기는 하다. 그런데 복권을 살 때 반드시 1등에 당첨될 방법은 단 하나뿐이다. 무엇인지 아는가? 바로 발행되는 복권을 전부 사들이는 것이다.

예를 들어 점보 복권(일본에서 1년에 3회 발행되는 대형 복권 – 옮긴이)의 경우, 1등은 1,000만 장의 복권 중 단 한 장이다. 한 장에 3,000원인 복권을 1,000만 장 사려면 300억 원이 든다. 그러나 1등의 당첨금은 그보다 훨씬 적다. 아무리 많아 봐야 30억 원 정도가 고작이다. 그리고 확률대로 1등과 앞뒤 번호인 2등에 당첨되면 15억 원 정도의 당첨금을 받을 수 있다. 그리고 3, 4, 5등의 당첨금을 모두 합한다고 해도 대략 250억 원의 손해를 보게 되는 것이다. 이것을 손해라고 여길 것이 아니라 '250억 원을 사회에 기부했다'라고 생각해야 하는 것일까?

어쩌면 어떤 사람은 비록 자신의 작은 꿈이 이루어지지 않는다 하더라도 자신의 작은 투자가 사회에 도움이 되기를 바라는 마음으로 복권을 살 수도 있다. 아니면, 복권을 구입한 대다수의 사람

....

4. 헨리 포드(Henry Ford, 1863년 7월 30일~1947년 4월 7일)는 미국 미시건 주에서 농장을 경영하는 아일랜드계 이민 가정에서 태어났다. 자동차 회사인 포드 모터(Ford Motor Company)를 창립했으며 자동차 왕으로 불렸다.

을 희생삼아 자신만이 행복해지기를 원하는 것일 수도 있다.

짧은 시간에 큰돈을 벌고자 하면 그만큼 큰 위험이 따른다. 좀더 냉정하게 말하자면 안 될 것을 알면서도 하는 낭비야말로 성급하게 욕망을 충족하려는 심리가 아닌가.

17세기 이탈리아의 유대교 랍비 모셰 젠트리는 "우리가 선善을 인식하는 것은 그것이 부족할 때이다"라고 지적했다. 사회에 부정이나 불행이 만연하면 사람들은 그것을 개선하려고 개혁을 일으킨다. 이것은 정치적인 선의 출발점이다. 사람에게 부족한 물건이나 서비스를 제공해서 돈을 벌고자 하는 것은 사업욕이라는 선의 출발점이다. 물론 타인을 돕고자 하는 봉사욕도 인류 전체의 선을 위한 출발점이 될 것이다.

사업욕 또는 사업을 대기업으로 키워 거대한 부를 축적하려는 욕망도 사람과 사회에 도움이 되기 위해 노력하다 보면 결국에는 실현할 수 있다. 언뜻 보면 개인의 욕망은 사회적 선과 양립할 수 없는 것 같지만, 장기적인 안목을 가지고 타인을 살피며 욕망을 실현하고자 하면 충분히 함께할 수 있는 관계가 된다. 타인에게 무엇이 부족한지를 깨닫고 그것을 제공하는 것이야말로 선이 아니겠는가?

내게는 무엇이 부족한가?

① 당신에게는 무엇이 부족한가? 하나하나 전부 나열해보라.
  능력 면에서 부족한 것, 물질적으로 부족한 것, 환경적으로 부족한
  것, 정신적으로 부족한 것.
② 그것은 어떻게 하면 충족될 수 있는가?
  그 방법을 찾아 써보자.
③ 당신에게 부족한 것을 만족시키기 위해서는 누군가의 도움이 필요
  하다. 만약 도움을 받지 못한다면 당신 혼자 힘으로 이루어낼 수 있
  는가?

타인의 도움을 마냥 기다리는 한 당신은 영원히 만족할 수 없을 것이
다. ①에서 나열한 항목 중에서 언젠가 혼자 힘으로 실현이 가능한 것
만 선택해서 정말 무엇이 부족한지 다시 한 번 생각해보라. 그리고 그
것을 채우기 위해 노력하라.

실패는 행동하지 않는 자의 것이다.
실패를 각오하고 행동하는 자와는 무관한 일이다.

랍비 루이스 빈스톡Louis Binstock

살아 있는 존재의 이유

인간이라는 존재로 살아간다는 것은 욕망의 복합체로서 기능한다는 뜻이기도 하다. 그런 의미에서 인간을 '욕망 덩어리'라 불러도 좋을 것이다. "나는 아무런 욕망도 없다"고 말하는 사람은 현재 필요한 만큼의 욕망이 충족된 상태이기 때문에 굳이 더 이상 무엇인가를 원하지 않는 것뿐이다.

상상해보자. 아무런 욕망이 없다던 그 사람이 사랑하는 사람을 잃는다면 어떨까? 아무런 의심 없이 자신의 것이라고 생각했던 것들이 한순간에 우르르 무너지는 경험을 한다면 어떨까? 재해나 사고로 지금 누리고 있는 안정이 무너지면 욕망이 없다고 말했던 사람조차도 분명 '적어도 ○○만큼은 예전과 같은 생활로 돌아갔으면 좋겠다'고 바라지 않을까?

일본에는 거의 알려져 있지 않지만 미국의 사상가 중 아인 랜드[1]라는 유대인 여성이 있다. 랜드는 1905년에 러시아에서 태어났는데

....
1. 아인 랜드(Ayn Rand, 1905년 2월 2일~1982년 3월 6일)의 본명은 알리사 로젠바움(Alisa Zinov'yevna Rosenbaum)이다. 러시아의 상트페테르부르크에서 약국을 경영하는 유복한 유대인 가정에서 태어났고 대학에서 철학을 전공했다. 1926년 미국으로 건너가 시나리오 작가, 극작가로 활동했다.

러시아 혁명이 일어나자 1926년에 미국으로 건너가 시나리오 작가, 극작가로 활동했다. 랜드가 남긴 유명한 말 중에 "그 무엇도 되고 싶지 않다는 욕망은 존재하고 싶지 않다는 욕망과 다름없다"는 말이 있다. 다시 말해 아무것도 원하지 않는다는 것은 죽은 것과 다름없다는 뜻이다.

살아 있기 때문에 뭔가를 바라는 것이다. 풍요롭게 살기를 원하면 원할수록 당연히 다양한 욕망을 품게 된다. 문제는 그것을 어떻게 실현하는가이다. 이것은 당신의 주체성과도 관련이 있다.

자신의 시각으로 세상을 보라 _ 아인 랜드

아인 랜드는 1943년에 무려 700쪽에 달하는 장편 사회소설 『마천루』와 1957년에 『아틀라스』를 발표하면서 일약 사상가로 유명해졌다. 랜드는 세상의 상식에 얽매이지 않고, 자신의 이성으로 사물을 객관적으로 판단하고, 자유로운 삶을 누리며, 정부나 대기업·대조직에 의존하지 않는 자유주의와 자본주의의 이상을 꿈꾸었다.

아인 랜드는 "정부는 경찰이나 군, 재판 등 권력의 행사 외에는 관여해서는 안 된다. 우체국, 도로, 거리, 학교 등은 모두 개인이 운영해야 하며 국가와 경제는 분리되어야 한다"고 주장했다. 이는 작은 정부를 지향하는 미국 자본가와 완전히 일치하는 입장이었다.

그렇기에 랜드의 작품은 미국 경영자가 반드시 읽어야 할 필독서로서 '경영의 바이블'이라고도 불린다. 미국 연방준비제도이사회의 의장을 역임한 그린스펀[2]은 청년 시절 랜드를 만난 뒤부터 자유방임주의적인 경제관을 갖게 되었다. 랜드를 만나기 전의 그린스펀은 관념적인 논리에 사로잡혀 있었다.

그린스펀은 아인 랜드에게 "실증 가능한 사실이 없다면 개념화할 수 없을 뿐 아니라 확신할 수도 없다. 도덕은 인간관계이지 물리적 사실이 아니다. 그러므로 도덕적으로 절대로 옳다고 말할 수 있는 일은 존재하지 않는다"고 자신의 생각을 피력했다.

그러자 아인 랜드는 곧바로 "그렇다면 당신은 자신이 존재한다는 사실을 어떻게 실증할 수 있습니까? 그렇게 말하는 당신은 대체 누구인가요?"라고 반문했다. 랜드의 날카로운 질문에 그린스펀은 말문이 막히고 말았다.

이 만남 이후 그린스펀은 얻어들은 남의 지식과 이론만으로는 충분하지 않다는 사실을 깨달았다. 그리고 철저하게 자료를 모으고 분석한 뒤에 자신의 생각을 주장하는 현실적·실증주의적인 경제 분석가로 성장하였다.

··········
2. 앨런 그린스펀(Alan Greenspan, 1926년 3월 6일~)은 뉴욕의 유대계 가정에서 태어난 경제학자이다. 1987년부터 2006년까지 미 연방준비제도이사회(FFB: 미국의 중앙은행)의 의장을 역임했다.

위험해도 뛰어들어라

타인에게 인정받기 위해 애를 쓰기보다 먼저 자신이 어떤 존재이고, 무엇을 하려고 하며, 어떤 것을 소중히 여기는 사람인지를 알아둘 필요가 있다.

'아메리칸 드림'이라는 말이 있다. 텍사스에서 석유를 파내거나 캘리포니아나 알래스카에서 황금을 캐서 하룻밤 사이에 큰 부자가 되는 것, 즉 한순간에 일확천금을 하는 일을 가리키는 말이다.

철강왕 카네기Andrew Carnegie, 석유왕 록펠러John Davison Rockefeller, 신문왕 퓰리처Joseph Pulitzer, 발명왕 에디슨Thomas Alva Edison, 애니메이션계의 제왕 디즈니, 투자의 신 소로스[3]나 버핏[4]을 비롯해 수많은 억만장자가 아메리칸 드림을 실현했다.

그러나 그들은 아메리칸 드림을 실현하기 위해 위험을 각오하고 사업에 뛰어들었다. 안전하기 때문에 시작한 것이 아니다. 내일 어떻게 될지 알 수 없는 상황에서 그들은 가만히 앉아 기다리기보다는 움직이기로 결정했다. 그들은 실패를 두려워하지 않고 행동에 나섰다.

라이트 형제[5]는 1903년에 세계 최초로 비행에 성공했다. 당시 그들은 자신들이 만든 장치가 진짜로 하늘을 날 수 있을지 어떨지 알지 못했다. 그들은 목숨을 건 위험을 무릅쓰고 하늘을 날았다. 혹시라도 비행에 실패해서 추락하지 않을까 걱정했다면 라이트 형제는 아마도 영원히 날 수 없었을지 모른다. 그들은 위험을 알면서도 오직 날아오르는 것에만 집중했다.

역설적이지만 이렇게 생각할 수도 있다. 라이트 형제는 비행의 위험을 알고 있었기 때문에 최대한 장치를 안전하게 만들려고 노력했을 것이다. 어느 정도로 날아올라야 할지를 계산하고 불시에 떨어진다고 해도 목숨을 잃지 않을 정도의 장비를 준비했을 것이다. 위험을 알고 있기 때문에 그것이 안전으로도 이어지고 성공으로도 발전하는 것이다.

소방관이 불을 무서워한다면 화재를 진압할 수 없다. 무거운 호스와 소화기를 들고 소방차의 높은 사다리를 오르는 모습을 보면 아찔하기까지 하다. 그들이라고 해서 두려움이 없을 리 만무하다. 하지만 두려운 일이기 때문에 더더욱 소방관은 긴장감을 늦추지 않고 진화작업을 펼친다. 그렇게 그들은 무사히 화재를 진화한다.

행동하지 않는다면 아무런 일도 일어나지 않는다. 불평과 불만

....

3. 조지 소로스(George Soros, 1930년 8월 12일~)는 헝가리 부다페스트의 유대계 가정에서 태어난 헝가리계 미국인 철학자이며 투자가이다. 자유주의적인 정치운동가, 자선사업가로도 유명하다.

4. 워렌 버핏(Warren Edward Buffett, 1930년 8월 30일~)은 미국 네브래스카 주 출신으로, 세계 최대의 투자지주회사인 버크셔 해서웨이(Berkshire Hathaway Inc.)의 회장 겸 CEO를 맡고 있는 투자가이다. 2006년에 자산의 85퍼센트에 해당하는 374억 달러를 다섯 개 자선재단에 기부하겠다고 발표했다.

5. 라이트 형제(Wright brothers)는 미국 라이트 가문의 셋째 윌버 라이트(Wilbur Wright, 1867년 4월 16일~1912년 5월 30일)와 넷째 오빌 라이트(Orville Wright, 1871년 8월 19일~1948년 1월 30일) 형제를 가리킨다. 비행기를 발명하고 세계 최초의 비행기 조종사가 되었다.

과 우울의 악순환에 갇힐 뿐이다. 욕망의 지속적 좌절은 삶의 의미를 퇴색시킨다. 두렵더라도 용기를 갖고 일어서라. 일어나 행동하라. 성공할지, 실패할지는 그다음 과정에서 당신이 어떻게 행동하는가에 달려 있다.

20세기 시카고의 유대교 사회를 대표하는 랍비 루이스 빈스톡은 "실패는 행동하지 않는 자의 것이다. 실패를 각오하고 행동하려는 자와는 무관한 일이다"라고 말했다. 랍비 빈스톡은 덧붙여 다음과 같이 경고한다.

"종종 지름길을, 그것도 가장 무리가 없는 노선을 선택한다면 얼마간의 성공을 거둘 수는 있겠지만 만족할 만한 결과에는 이르지 못한다."

모험을 하지 않고 모든 것이 지나치게 순조롭게 진행되면 오히려 고난을 통해 배울 기회를 얻지 못하기 때문에 성공의 뿌리가 얄팍해진다. 실패를 두려워하지 마라. 실패를 대담하게 맞이하라. 그리고 다시 일어서 행동하라.

지금 무엇을 망설이고 있는가?

당신이 지금 망설이고 있는 일은 무엇인가? 왜 망설이고 있는가?

- 돈이 없어서 할 수 없다.
  → 무료로 할 수 있는 곳을 찾아보았는가?
- 방법을 몰라서 할 수 없다.
  → 실제 그 일을 하는 사람을 찾아가서 옆에서 지켜보며 방법을 익히는 것은 어떤가?
- 해본 적이 없어서 할 수 없다.
  → 태어나면서부터 그 일을 한 사람은 아무도 없다. 일단 한 번 시도해보는 것이 어떤가?
- 능력이 부족해서 할 수 없다.
  → 누구나 처음에는 잘 못한다. 갓난아이를 보라. 처음에는 걷지도 못하고 말도 못하지 않는가? 어쨌거나 시도해보는 것이 중요하다.

제2부
대담하게 생각하고 행동하라

산 자는 동경한다.
그러나 죽은 자는 부정한다.

리하르트 베르-호프만Richard Beer-Hofmann

자신을 표현할 길을 찾아라

삶을 다른 각도에서 보면 새로운 발견을 할 수 있다. 그것은 '삶은 곧 표현하는 것'이라는 사실이다. 이는 인간에게만 해당되는 말이 아니다. 살아 있는 모든 생물에게 공통되는 말이다. 코끼리와 사자, 공작새와 동박새, 나비와 메뚜기, 고래와 금붕어 등 새나 동물, 곤충이나 물고기도 모두 마찬가지다. 심지어 풀이나 나무, 곰팡이, 이끼, 세균, 미생물에 이르기까지 모두 자신의 존재를 표현한다. 같은 종들 속에서, 나아가 다른 생물을 향해 자신의 존재를 뚜렷하게 표현하며 살아간다.

꽃은 꽃가루받이를 도와주는 나비와 벌을 모으기 위해 아름다운 색과 향기, 꿀로 자신을 표현한다. 남천이나 죽절초는 새빨간 열매로 작은 새를 유혹해 새들에게 먹이를 제공하는 대신 씨앗을 다른 곳으로 퍼뜨리게 한다.

대체로 생물의 자기표현은 자신의 자손을 퍼뜨리고 보존하는 데 목적이 있다. 동물의 수컷은 대부분 자신의 강함을 과시함으로써 주위의 암컷을 끌어들인다. 물고기나 동물 중에는 구애활동을 하기 전에 수컷이 미리 멋진 둥지를 만들어서 암컷을 유혹하는 경우도 있다. 어쨌거나 살아 있는 생물은 각각의 본능에 따라 독자적인 자기표현의 형태와 방법을 선택해 종을 보존하려고 애쓴다. 임신 중인 암컷은 번식에 참여할 수 없기 때문에 자신을 과시해서 구애활동을 하는 것은 대개 수컷의 몫이다.

그런데 사람은 암수 모두가 근육을 만들거나 화장을 하는 등 자신을 더욱 강하게 또는 더욱 아름답게 보이려고 한다. 나아가 인간만이 자신을 강하게 혹은 아름답게 보이려는 노력에 그치지 않고 독자적으로 자신을 표현하는 방법을 가진 존재로 진화했다. 다시 말해 인간은 자기 자신의 생각이나 사상을 말이나 기호, 미술, 건축, 음악, 춤, 연극, 문학 등으로 표현하게 되었다. 이는 인간만이 가진 특징이다.

자신의 삶을 표현하는 일을 선택하라

인간으로 살아간다는 것은 자기표현의 욕망을 갖는다는 뜻이다. 좀 더 구체적으로 말하자면 삶 자체가 예술이며, 욕망은 그것을 표현하게 만드는 충동이다. 과연 어떻게 자신의 삶을 표현할 것인가?

돈으로 표현할 것인가, 사업으로 표현할 것인가? 연구 개발이나 문예 창작으로 표현할 것인가? 아니면 농업이나 어업, 임업이나 원예로 자신을 표현할 것인가? 제품 가공이나 제조, 운동, 교육, 의료, 보육, 간호, 요리나 접객 나아가서는 정치 등을 선택해서 표현할 것인가? 직업을 선택하는 것 또한 자기표현의 한 방법이다. 어떤 직업을 선택해서 자신을 표현하는가는 삶의 중요한 부분이다.

불경기가 이어지면서 대학을 졸업한 뒤에도 좀처럼 직장을 구하기가 어려운 시대가 되었다. 그 때문에 공부보다는 구직 활동(스펙 쌓기)에만 열중하는 학생도 많다. 그런데 이제는 학교를 졸업하면 회사에 취직해서 생계를 꾸려가야 한다는 수동적인 발상을 버릴 때도 되지 않았는가?

사회인이 되었다면 어느 기업에 채용되어야만 생활비를 벌 수 있다는 식의 소극적인 생각은 버리자. 그 대신 자신의 삶을 표현하는 수단으로써 일을 선택할 수 있어야 한다. 경우에 따라서는 자신이 새로운 산업 분야를 창조할 수도 있지 않겠는가?

만약 새로운 분야의 일을 창조한다면 당연히 그 분야에서 성공을 거둔 기업도 아직 없을 것이다. 그러므로 당신이 사장의 입장에서 당신을 고용하고 부린다고 생각해야 한다. 무슨 일이든 자신을 잘 활용할 수 있어야 성공에 가까워진다.

기초를 배운 뒤 내면을 드러내라

앞서 삶은 곧 예술이라 말했는데, 미술을 예로 들어보자. 미술에서 가장 중요한 것은 기초가 되는 미적 감각과 기술을 얼마나 확실히 갖추고 있는가 하는 것이다.

현대 미술에서는 초현실주의[1]와 같은 추상화가 유행하고 있다. 그러나 극단적으로 추상화한 것처럼 보이는 유명한 피카소[2]의 그림조차도 놀라울 정도로 현실적인 데생을 기초로 하고 있다. 추상화를 시작하기 전에 피카소가 그린 데생화를 보면 흑백의 단순한 그림인데도 아주 사실적으로 표현되어 있다.

메이지 시대(메이지유신 이후 메이지 천황의 통치를 이르는 말로, 1868년 10월 23일부터 1912년 7월 30일까지를 가리킨다 - 옮긴이)에 활동했던 서양화가인 아오키 시게루[3]의 대표작 '바다의 풍요海の幸'와 '용궁わだつみのいろこの宮'은 세계적으로도 높이 평가받고 있다. 아오키의 데생이 얼마나 훌륭한지는 굳이 말할 필요도 없다.

추상화에서 사실화로 전향한 예로 오다 가즈노리[4]라는 화가를 들 수 있다. 오다는 오랫동안 추상화를 그렸지만 자신의 그림에 부족함을 느끼고 고민하던 중 1971년에 팔레스티나의 헤브론 Hebron을 방문하게 된다. 그곳 시장의 풍경에 강렬한 인상을 받은 오다는 그 감동을 구상화로 담아냈다. 그 그림으로 이세탄伊勢丹 백화점이 주최한 '제1회 현대 서양화 정예선발전'에서 금상을 수상했고 그는 이후 계속해서 멋진 작품을 발표하였다. 추상화를 접고 사실주의로 전향하면서 오다의 데생 실력은 더욱 빛을 발하게 되었다.

피카소나 아오키 시게루, 오다 가즈노리는 작품 속의 인물상에 자기 자신의 내면을 완전히 투영했다. 그렇게 그들 자신을 표현함으로써 작품이 생생한 매력을 갖게 된 것이다.

"사진의 본질은 보이는 것을 그대로 사진 속에 옮기는 것이 아니다. 사진을 하나의 예술로 볼 수 있는 이유는 작가의 내면을 피사체의 외면에 투영했기 때문이다."

사진작가 헬마 러스키[5]가 한 말이다. 작곡가인 쇤베르크[6]도 똑같은 말을 했다.

"진정한 의미의 예술가는 진실을 동경한다. 그는 잔재주를 피우지 않고 미를 완성한다. 그것은 그가 진실만을 추구하기 때문이다."

여기서 말하는 미, 혹은 진실은 자기 자신과 동일한 말이다. 다시 말해 예술의 목적은 끊임없는 자기표현에 있다.

사람은 살아 있는 이상 무엇인가를 동경하고, 그것을 자신의 것

....

1. 프랑스어로는 쉬르레알리슴(Surréalisme)이라고 하는 예술운동이다. 살바도르 달리(Salvador Dalí) 등의 그림에 잘 나타나 있으며, 꿈과 같은 초현실적인 세계를 그리는 것이 특징이다.
2. 파블로 피카소(Pablo Picasso, 1881년 10월 25일~1973년 4월 8일)는 스페인 출신의 화가이다. 추상적인 입체파 화풍을 창시했지만 작풍이 빠르게 변화한 것으로도 유명하다.
3. 아오키 시게루(青木繁, 1882년 7월 13일~1911년 3월 25일)는 후쿠오카 출신의 서양화가이다. 16세에 홀로 도쿄에 상경해서 도쿄예술 학교(현 도쿄예술 대학)에 들어갔다. 천재로 불렸지만 방랑생활을 하다가 28세의 젊은 나이로 세상을 떠났다.
4. 오다 가즈노리(小田和典, 1929년~2007년)는 후쿠오카 출신의 화가이다. 여러 차례에 걸쳐 아시아, 중동 지방을 여행한 그는 '실크로드의 거장'으로 불렸다.
5. 헬마 러스키(Helmar Lerski, 1871년 2월 18일~1956년 9월 19일)는 스위스 출신의 사진작가이다. 유대인 가정에서 태어났으며 미국에서 배우로도 활약했다.
6. 아놀드 쇤베르크(Arnold Schonberg, 1874년 9월 13일~1951년 7월 13일)는 오스트리아 출신의 작곡가이다. 구둣방을 하던 유대인 가정에서 태어났으며 나치 시절에 미국으로 망명했다.

으로 실현함으로써 자신을 표현하려 한다. 그것은 당신도 예외가 아니다. 당신 안에 무엇이 있는지, 무엇을 표현하고 싶은지를 찬찬히 살펴본 다음 그 길을 향해 정진해야 한다.

살아 있음을 증명하라

뭔가를 동경한다는 것은 긍정적인 삶을 살고 있다는 증거이다. 이제 동경을 자신의 삶이라는 도화지 위에 펼쳐내 화려한 색채의 작품을 완성하기만 하면 된다.

예술뿐 아니라 모든 직업이 자기를 표현하는 수단이다. 어쩌면 자신이 정말 원하는 직업이 아닐 수도 있지만 그 일을 해서 번 돈으로 가족을 행복하게 하거나 자신이 좋아하는 일을 할 수 있는 시간과 여유를 얻을 수도 있다. 그러므로 그 또한 자기표현의 하나라 할 수 있다.

어떤 직업을 선택하건 지름길을 찾을 것이 아니라 우직하게 한 걸음씩 나아가면 된다. 오스트리아의 극작가인 베르-호프만[7]은 이렇게 말한다.

"산 자는 동경한다. 그러나 죽은 자는 부정한다."

'죽은 자는 부정한다'는 말이 꽤 철학적이지 않은가? 이 말은 아무것도 동경하지 않고, 그 무엇에도 반응을 보이지 않는다면 그것은 죽은 것과 마찬가지라는 뜻이다.

당신은 무엇을 하고 싶은가? 하고 싶은 일을 위해 아낌없는 노력과 희생을 치러라. 하고 싶은 일, 취미, 특기를 실현하는 것, 그것이 살아가는 의미와 목적이다. 자신에게 아무런 꿈이 없다고 부정적으로 생각하는 그 순간부터 인간은 생명이 없는 존재가 된다. 이제 당신도 살아 있다는 증거를 보여야 할 때이다. 죽어 있는 것이 아니라 확실히 살아 숨 쉬고 있다는 사실을 증명해야 한다. 자신을 표현할 길을 찾아라. 그리고 그 길을 자신과 타인에게 확실히 보여줘라.

....
7. 리하르트 베르-호프만(1866년 7월 1일~1945년 9월 26일)은 오스트리아 빈의 유대인 가정에서 태어난 작가이다. 1938년에 미국으로 망명하여 뉴욕에서 삶을 마쳤다.

시작은 이미 절반의 성공이다.

이차크 아라마Yitzchak Arama

한 걸음만 더 내디뎌라

마음먹은 대로 일이 술술 풀린다면 얼마나 좋을까. 그러나 그렇게 하기는 쉽지 않다. 당신 역시 처음부터 모든 일이 술술 잘 풀릴 것으로 기대하지는 않을 것이다. 이것저것 하고 싶은 일이 많은데 작심삼일로 끝난 경우도 많을 것이다. 도대체 왜 그런 것일까? 아무리 굳게 다짐해도 사흘이 멀다 하고 그 결심이 흔들리는 이유는 무엇일까?

유대에는 '뭐든지 처음이 어렵다'는 격언이 있다. 이 말은 교육이건, 일이건, 일상생활에서건 모든 일에 다 적용된다. 이를테면 유대인은 어린아이에게 처음으로 글자를 가르칠 때 무조건 ABCD부터 시작하지 않는다. 먼저 글자 하나가 사방 5센티미터 정도의 크기로 인쇄된 표를 보여준다.

유대인의 글자는 히브리어이다. 영어 알파벳 A, B, C는 히브리어로 알레프א, 베이트ב, 기멜ג라고 하는데, 알레프는 소의 머리가 변화하여 된 상형문자이고 베이트는 집 모양, 기멜은 낙타 모양을 간결하게 표현한 것이다.

현재의 알파벳은 고대 페니키아[1]의 상인에 의해 그리스에 전해졌다. 페니키아는 고대 유대인과 같은 글자를 사용했는데, 그 글자가 그리스로 전해지고, 그곳에서 다시 알파벳으로 변화한 것이다. 또한 A, B, C는 그리스어로 알파α, 베타β, 감마γ라고 한다. 여기에는 아직 히브리와 페키니아의 영향이 조금 남아 있다. 오늘날과 같은 ABC의 모양을 갖추게 된 것은 알파벳이 로마로 전해져 라틴어로 사용되면서부터이다.

스스로 발견하는 배움의 달콤함

전통적인 유대 사회에서는 세 살이 되면 '헤델ךֶדֶר'이라는 유대교 학교를 다니기 시작한다. 오늘날에도 유대교의 율법이나 전통을 중요시하는 가정에서는 남자아이가 열세 살이 될 때까지 평범한 공립 혹은 사립학교가 아닌 헤델을 다니도록 한다.

헤델은 학생들이 한꺼번에 3월에 입학하고 2월에 졸업하는 시스템이 아니다. 아이들은 자기 생일이 되면 입학을 한다. 그리고 나이가 많은 아이와 갓 입학한 세 살짜리 어린아이가 같은 교실에서 함께 배운다. 하지만 전혀 걱정할 필요가 없다. 처음 입학하면 선생은 먼저 그 아이를 모두에게 소개한 뒤 자신의 무릎에 앉히고 개인 지도를 하기 때문이다.

선생은 글자 표를 보여주면서 "보렴, 이게 알레프란다"라고 말하며 손가락으로 글자를 가리킨다. 그러면 아이는 긴장한다. 선생은 다시 "그럼, 알레프라고 말해보겠니?"라고 말한다. 아마도 아이는 더욱 긴장할 것이다. 그러면 선생은 아이의 오른손을 살며시 잡고 오른손 엄지손가락으로 글자 위를 문지르도록 한다. 그리고 그 손가락을 아이의 입술에 갖다 댄다.

"어떠니? 손가락을 핥아보렴. 달콤할 거야."

아이가 손가락을 핥자 아닌 게 아니라 정말로 달다. 실은 글자 위에 약간의 벌꿀을 발라놓았기 때문이다. 조금 마음이 놓인 아이는 용기를 내서 '알레프'라고 소리 내어 읽는다. 그러면 선생은 "어머나, 아주 잘하는구나" 하고 칭찬하면서 다시 알레프 글자 위를 손으로 만지게 한다. 손가락에 묻은 달콤한 벌꿀을 맛본 아이는 안심한다. 이어서 알레프 글자가 찍힌 과자를 보여주고 "이것은 무슨 글자일까?" 하고 질문한다. 종이에 인쇄된 글자뿐 아니라 과자에 새겨진 글자로도 알레프를 배워가는 것이다.

헤델에는 자기보다 먼저 입학한 아이도 있고, 나이가 많은 아이도 있다. 자기도 빨리 다른 아이처럼 자유롭게 읽고 싶다는 소망이 아이의 향상심을 자극한다. 게다가 헤델에 입학한 자신은 더 이상 아기가 아니라는 자각도 하게 된다. 이제 막 입학했기 때문에 다른 아이들보다 못해도 부끄럽지 않다. 그저 빨리 다른 아이들을 따라잡고 싶을 뿐이다.

<hr />

1. 고대 지중해 동쪽에 위치한 지역으로, 현재의 레바논에 해당한다. 페니키아는 해상 교역이 발달해서 지중해 전역에서 활약했다.

유대인 사회에는 이런 분위기가 충만해 있다. 그래서 헤델이 아닌 보통 학교에서도 같은 학년이라도 주어진 과제를 척척 해치우는 의욕 넘치는 학생은 먼저 앞으로 나아간다.

선생이 꼼꼼히 가르치는 것은 주로 이해력이 조금 뒤떨어진 학생이다. 그렇다고 해서 그런 학생을 혼내거나 하지는 않는다. 유대인은 그럴 때 학생보다는 선생의 가르치는 방법에 문제가 있다고 생각하기 때문이다. 비록 이해력은 조금 뒤떨어질지라도 좋아하는 일을 발견해 그것에 열중해서 남보다 뛰어난 재능을 발휘하는 경우는 얼마든지 있다. 그래서 선생은 이해력이 뒤진 아이와 함께 하나씩 문제점을 정리하고 이해력 향상을 위해 조언을 한다.

답을 아예 외워버리게 하는 일 따위는 일어나지 않는다. 답은 학생 스스로 발견하도록 한다. 사회에 나가면 누구나 스스로 생각하고 스스로 답을 찾아야 한다. 이것이 가능하도록 돕는 것이 선생의 역할이다.

일주일을 단위로 움직여라

유대 사회에서는 갓난아기가 태어나면 8일째 되는 날에 이름을 지어준다. 엄마 뱃속에서 나와 7일 동안 살았다는 것은 그 후로도 순조롭게 살 수 있다는 희망이 있다는 뜻이다. 의학이 발달하지 않았던 시절에는 태어나자마자 죽는 아기가 비교적 많았기 때문에 유대인은 태어난 후 일주일 동안 아이의 모습을 지켜보았던 것이다.

그래서 아기가 무사히 일주일을 넘기면 그때 비로소 이름을 지어주었다. 현대에도 유대인 가정에서는 갓난아기가 태어나고 일주일이 지나 8일째 되는 날에 이름을 짓는다. 그전에는 어떤 이름을 지을지 이미 결정했더라도 절대로 공표하지 않는다. 일본에도 '오시치야[2]'라는 습관이 있는데, 이 또한 8일째에 아이의 이름을 짓는 유대인의 생각과 비슷한 데서 출발했다.

아울러 세계보건기구WHO에서는 임신 22주부터 생후 7일 미만을 출산 전후의 '주산기周産期'로 정의하고 그 기간 동안의 사망률을 통계로 낸다.

여기에는 작심삼일을 반복하는 당신에게 참고가 될 중요한 힌트가 숨겨져 있다. 새로운 일을 시작할 때는 우선 7일 동안 연속해서 그 일을 해보는 것이다. 8일째가 되면 자신감이 생기고 요령도 터득할 수 있다. 예를 들어 자전거 타기를 배울 때를 떠올려보라. 처음에는 넘어지기도 했을 테지만 계속하면 자전거를 타고 균형을 잡는 요령이 생겨서 잘 탈 수 있게 되지 않았는가? 일주일을 해보면 답이 나온다.

....
2. 오시치야(お七夜)는 태어난 지 7일째에 아이의 이름을 지어 흰 종이에서 써서 신위나 불당에 붙여 축하하는 의식이다.

'응애' 하고 울음을 터트리며 태어난 아이는 일주일을 살고 이어 한 달이 지난다. 그 후로 건강하게 성장해서 소년이 되고 마침내는 어른이 된다. 당신과 나, 우리 모두는 그러한 시절을 거쳐 오늘날 사회인으로 발을 딛고 살아가고 있는 것이다.

15세기 유대의 현인 이차크 아라마는 스페인의 사모라_{Zamora}(포르투갈과 스페인의 국경에 위치한 도시 - 옮긴이)에서 태어나 최초로 그곳 유대교 학원의 원장이 되었다. 아라마를 존경하는 수많은 학생이 그에게 배우기 위해 스페인 전역에서 모여들었다고 한다.

아라마의 학원에도 정해진 입학식이나 새 학기가 없었고 언제든지 입학할 수 있었다. 그래서 신입생의 경우 학원장인 아라마의 강의를 따라가기가 힘들어서 학문을 포기하려는 학생도 있었다. 그때마다 아라마는 이렇게 말했다고 한다.

"시작은 이미 절반의 성공이야. 조금만 참고 계속하면 분명히 강의를 알아들을 수 있을 거야. 그렇게 되면 얼마나 많은 것들을 깨달을 수 있을까?"

실제로 맞는 말이다. 많은 사람이 한 발자국만 더 내디디면 목적지에 도착할 수 있는데 그 바로 앞에서 포기하는 바람에 눈앞의 성공을 놓치고 만다. 이제 마음을 새롭게 먹고 계속해보자. 일주일 동안 계속했다면 다시 또 일주일을 해보는 것이다. 그러다 보면 어느새 목적지에 도착해 있지 않겠는가?

작심삼일로 끝나버린 일을 전부 적어보자

① 지금까지 당신이 시도해본 일 중에서 작심삼일로 끝나버린 일을 전부 적어봐라.
② 지금까지 당신이 시도해보려고 했던 일 중에서 미처 실행에 옮기지 못한 일을 전부 적어봐라.
③ 그 일이 왜 작심삼일로 끝나버렸는지, 왜 실행에 옮겨보지도 못했는지 이유를 전부 적어봐라.
④ 위에서 적은 내용을 보고 반성할 점은 없는가?
⑤ 반성할 내용 중 하나라도 극복할 수 있다면 당신은 스스로의 힘으로 새로운 성취감을 얻을 수 있을 것이다.

①~③을 적을 수 있다는 것만으로도 당신은 한 걸음 크게 전진한 것이다.

시간이 없는 사람은 없다.
서 있을 장소가 없는 사람은 없다.

시몬 벤 아자이Simeon ben Azzai

시간을 투자하라

인간은 동물에 속한다. 동물動物은 말 그대로 움직이는 생물이다. 한곳에 가만히 있는 것은 휴식을 취할 때나 사냥감을 노리며 잠복하고 있을 때뿐이다. 먹이를 구할 때와 생식을 위해 사랑의 상대를 찾을 때는 본능을 발휘해 역동적으로 움직인다. 움질일 때 하는 이 두 가지 행동 모두 생존본능과 직결되어 있다. 생식기의 암컷은 조금이라도 강한 수컷을, 수컷은 조금이라도 건강한 새끼를 낳을 수 있는 암컷을 찾는다. 때로는 암컷을 사이에 두고 사투를 벌이기도 한다.

어떤 동물은 놀랄 만큼 뛰어난 팀워크로 사냥에 나서기도 한다. 사자나 치타의 경우 무리 중에 몇 마리는 사냥감을 추적하거나 공격에 가담하고 몇 마리는 감시하는 역할을 맡는다. 이른 봄 정원의 매화나무에 둥지를 트는 동박새도, 가을에 빨갛게 익은 감을 쪼아 먹는 제주직박구리도 감시 역할을 하는 새가 먼저 안전을 확인한 뒤에 무리가 움직인다.

우리 집에서는 정원 한쪽에 구덩이를 파고 음식물 쓰레기를 버리는데 쓰레기가 가득 차면 까마귀 무리가 날아와 헤집어놓는다. 몸집을 봤을 때 대개는 아비, 어미, 새끼가 함께 움직이는 듯하다.

무리를 이룬 까마귀는 자신의 둥지가 택지 조성 등으로 사라지면 남의 영역을 공격한다. 다른 새의 영역을 통째로 빼앗기 위해 그야말로 집단으로 사투를 벌인다. 이렇듯 동물은 모두 필사적으로 살아가고 있다.

평등하게 주어진 '시간'을 효과적으로 활용하라

2세기경의 유대 현인인 시몬 벤 아자이는 말했다.

"시간이 없는 사람은 없다. 서 있을 장소가 없는 사람도 없다."

우리 인간은 시간과 공간 속에서 살아간다. 이것은 모든 인류에게 주어진 공통된 조건이다.

부자는 대체로 호화로운 저택에 살면서 넓은 토지를 소유한다. 그러나 그것은 어디까지나 사회적인 현상의 하나일 뿐 인간의 본질과는 아무런 상관이 없다. 부자라도 하루는 24시간밖에 없고, 서 있을 때 차지하는 공간도 결국은 두 다리로 서 있는 아주 작은 공간뿐이다.

게다가 누구나 엄마 뱃속에서 태어나 언젠가는 모두 삶을 마감한다. 부자인 덕분에 수명을 다소 연장할 수 있을지는 모르지만 죽음을 피할 수는 없다. 개개인의 '생명' 그 자체는 모두 평등하다.

물론 지금 살고 있는 곳이 왕궁일 수도 있고, 혹은 진흙으로 만든 조잡한 집일 수도 있다. 그 차이를 부정할 수는 없다. 그러나 프랑스 혁명 때 황제의 자리까지 올랐던 나폴레옹[1]도 죄수가 되어 대서양의 외딴섬 세인트헬레나Saint Helena에서 쓸쓸한 최후를 맞이하지 않았는가?

일단 인간으로서 살아갈 만큼의 공간만 있으면 나머지는 자기가 하기 나름이다. 경우에 따라서는 한낱 코르시카섬[2] 출신인 나폴레옹이 프랑스의 황제가 되어 튈르리[3] 궁전에서 살았던 것처럼 당신에게도 그런 기회가 찾아올지 모른다. 그것은 앞으로 당신이 어떤 삶을 살고, 자신의 가치를 높이기 위해 얼마나 꾸준히 노력하는가에 달려 있다.

그러기 위해 당신이 잘 활용해야 할 것은 '시간'이다. 시간은 모든 인간에게 평등하게 주어졌다. 시간은 능력이 있는 사람에게나 없는 사람에게나 평등하다. 다시 나폴레옹을 예로 들어 말하자면, 그도 처음에는 우등생이 아니었다고 한다. 포병사관학교의 졸업시험 성적은 58명 중 42등이었다. 코르시카 출신의 나폴레옹은 어린 시절 프랑스 본토로 이주했지만 코르시카 사투리가 굉장히

....
1. 나폴레옹 보나파르트(1769년 8월 15일~1821년 5월 5일)는 프랑스의 군인이며 정치가이다. 프랑스 혁명이 일어나자 군사 독재정권을 수립하고 혁명 후의 혼란을 수습했다. 이후 유럽의 절반을 정복했지만 영국 등의 연합군에 패해 실각하고 섬에 유폐되어 죽었다.
2. 이탈리아 반도 서쪽에 위치한 프랑스령의 섬이다. 나폴레옹의 선조는 본래 이탈리아 출신이었다.
3. 튈르리(Tuileries) 궁은 프랑스 파리에 있는 궁전으로 17세기부터 19세기에 걸쳐 왕궁으로 사용되었다.

심해서 늘 학교 친구들의 놀림거리가 되었고, 프랑스어 실력도 형편없었다.

그래서 나폴레옹은 기하학과 수학 공부에 매달렸다. 기하학이나 수학이라면 수식으로 답을 쓰기 때문에 프랑스어를 잘 못해도 문제될 것이 없었다. 나중에 나폴레옹이 포병사관이 되었을 때 기하학과 수학은 탄도 계산에 크게 도움이 되었다고 한다.

반 친구들의 따돌림 속에서 외톨이가 된 나폴레옹은 역사와 지리, 문학 책을 닥치는 대로 읽었다. 이것은 나중에 나폴레옹이 유럽 각지에서의 전쟁을 지휘하고 이집트 원정을 갔을 때 부하에게 이슬람 문명을 이해시키는 데 큰 도움이 되었다.

특히 사관이 된 뒤로 나폴레옹은 자신의 지식이 부족하다는 것을 통렬히 깨달았다. 그는 프랑스 혁명에서 두각을 나타내기까지 5년 동안 끊임없이 책을 읽고 생각하고 느낀 점을 메모했다. 나폴레옹은 단순히 책을 읽는 데 그치지 않고 이런 방식으로 자신의 사고력을 훈련시켰다.

매일 두 시간씩 공부하면

노는 데 시간을 쓰거나 또는 자신을 향상시키는 데 쓰거나, 아니면 자신이 독자적으로 설계한 일을 위해 쓰거나 시간을 활용하는 방법은 다양하다. 만약 매일 두 시간씩 혼자 집중해서 공부를 하거나 창조활동을 한다면 적어도 남들보다 일주일에 10~14시간을 더 얻을 수 있다. 결과적으로 1년에 520~728시간을 버는 셈이다. 하루 여덟 시간의 노동으로 환산하면 65~91일, 즉 세 달분의 부를 쌓는 것과 다름없다.

꾸준히 공부하고 지식을 쌓는 동안 나폴레옹의 자신감은 커졌고, 자신이 무엇을 알고 있는지 파악할 수 있는 사람이 되었다. 다시 말해 자신의 얼굴을 객관적으로 바라볼 수 있는 인간으로 성장한 것이다.

이제는 당신도 행동할 때이다. 아무것도 하지 않는 당신은 잠들어 있는 것과 다름없다. 당신도 지금 할 수 있는 일을 스스로를 위해 시작해보라. 자신을 위한 일이니만큼 즐겁지 않겠는가? 그리고 언젠가는 당신도 어엿하게 제몫을 하는 사람으로 성장하고 뛰어난 재능을 갖추게 될 것이다.

그때까지는 자기 자신을 위해 먼저 시간을 투자하라. 돈이나 재능이 없어도 얼마든지 시작할 수 있다. 아울러 앞으로 당신이 뛰어난 실력을 갖추게 되었을 때 그 지식과 견문, 자산 등을 사회를 위해 사용하기 바란다.

말과 행동이 일치하는 사람은 운명을 믿고,
변덕스러운 사람은 기회를 믿는다.

벤저민 디즈레일리Benjamin Disraeli

먼저 자신을 인정하라

1975년 당시 나는 로스앤젤레스의 유대교 대학에서 비상근 강사로 근무하면서 학위논문 연구를 위해 밤낮으로 유대교 원전을 읽는 데 빠져 있었다. 대학에서는 겨우 두 개의 강의를 맡고 있었으니 사실 학위논문을 준비하면서 틈틈이 대학에서 강의를 했다는 편이 맞을지도 모르겠다. 아무튼 강의료만으로는 도저히 생활을 할 수 없었기 때문에 나는 각지의 유대인 커뮤니티가 주최하는 문화강좌에서 유대 신비주의나 일본과 미국의 문화적 차이에 관한 강의를 하면서 생계를 꾸려갔다.

그러던 어느 날 강연을 하러 라스베이거스를 방문한 적이 있었다. 당일치기였기 때문에 카지노에 놀러 갈 여유 따위는 당연히 전혀 없었다. 게다가 애초에 도박을 할 돈도 없었다. 강의를 마치고 집으로 돌아가기 위해 공항 대합실에서 비행기를 기다리고 있는데, 한쪽에 5센트짜리 동전으로 즐길 수 있는 슬롯머신이 눈에 띄었다.

한 번에 5센트밖에 들지 않는다면 돈이 없는 나 같은 사람도 할 수 있겠다 싶었다. 순간 자석에 이끌리듯 1달러를 5센트짜리 동전 스무 개로 바꾼 나는 슬롯머신 앞에 앉았다. 그런데 이게 웬일인가? 동전을 몇 개 넣지도 않았는데 레버를 당기자마자 동전이 와르르 쏟아져 나오는 것이 아닌가? 순식간에 내 발은 쏟아져 나온 동전더미에 묻히고 말았다.

주위의 시선이 일제히 내게 쏠렸다. 나는 황급히 바닥에 흩어진 동전을 주워 모았다. 주머니에 다 넣지도 못할 정도로 많은 동전이었다. 하지만 인간의 욕심이란 끝이 없다고 했던가. 거기서 멈췄으면 좋았을 것을 그만 욕심을 부리고 말았다. 1달러도 안 되는 돈으로 이렇게 많이 벌었으니 이 많은 동전들로 슬롯머신을 하면 분명 더 많은 돈을 딸 거라고 생각한 나는 비행기가 출발하기 직전까지 슬롯머신 앞을 떠나지 못했다. 결국 딴 동전을 모두 잃었을 뿐 아니라 갖고 있던 잔돈마저 전부 기계 속으로 들어가고 말았다. 나는 허탈한 마음으로 비행기에 오를 수밖에 없었다.

슬롯머신뿐 아니라 파친코나 경마, 복권 등 도박은 기본적으로 '도모토[1]'가 돈을 벌게 되어 있는 구조이다. 많은 사람이 그런 사실을 알면서도 눈앞의 돈에만 집착한다. '만 원만 더 있었다면 땄을지도 몰라', '다음번에 3번 말에 걸면 분명히 우승할 거야', '이번에야말로 1등에 당첨될지도 몰라' 하고 생각하는 것이다. 그리고 우연히 돈을 따거나 당첨이 되면 '공돈'이라는 생각에 전부 흥청망청 쓰거나 다시 도박에 쏟아 붓는다. 대개는 손쉽게 돈 벌 요령만 생각하다가 그런 결과를 맞이한다. 결국 씁쓸한 후회와 더 얄팍해진 지갑만이 남을 뿐이다.

행운은 준비된 사람을 찾아간다

현재 세계적인 글로벌 기업으로 성장한 애플이나 델[2]도 처음에는 컴퓨터를 좋아하는 청년들이 모여 집 창고를 공장으로 삼아 출발했다는 점을 기억하기 바란다. 이들의 생각은 단 하나였다.

'어떻게 하면 돈을 들이지 않고 직접 몸으로 때우며 사업을 시작할 수 있을까?'

이는 시대를 막론하고 미국식 벤처 기업의 출발점이 되었다. 그들은 자신들이 만든 컴퓨터가 팔리면 무엇을 하고 얼마를 벌까 하는 생각은 하지 않았다. 계산하지 않고 일단 시작하고 저지르고 일을 벌였다. 그들은 자신들처럼 컴퓨터를 좋아하는 사용자의 마음에 드는 제품을 만들려면 어떻게 해야 하는지만 생각했다.

마이크로소프트의 설립자인 빌 게이츠[3]도 마찬가지다. 빌 게이츠의 목적은 돈을 버는 것이 아니었다. 그는 '프로그램을 빠르게 하려면 어떻게 해야 할까? 사용자가 기계의 성능을 최대한으로

---

1. 도모토(胴元)는 도박장의 주인으로 노름판을 주최하는 사람을 가리킨다.
2. 델(DELL)은 미국 텍사스 주에 본사를 둔 컴퓨터 생산업체로 주문생산 방식의 직판 형태가 특징이다. 텍사스 대학의 학생이었던 마이클 델(Michael Saul Dell)이 1984년 컴퓨터 수리회사로 창업했다.
3. 빌 게이츠(1955년 10월 28일~)는 미국 시애틀에서 법률가의 아들로 태어났다. 하버드 대학을 중퇴하고 1975년에 마이크로소프트 사를 설립했다.

사용할 수 있도록 하려면 우리는 무엇을 해야 할까?'에 철저하게 초점을 맞추었다.

그 결과, 세계 최초의 개인용 소형 컴퓨터 'Altair 8800'용 간이 프로그램 언어인 베이직BASIC을 개발해 폭발적인 인기를 얻었다. 그리고 '마이크로컴퓨터의 소프트웨어를 만드는 회사'라는 의미로 마이크로소프트 사를 설립하게 되었다. 성공한 수많은 사람들이 그랬던 것처럼 빌 게이츠 또한 많은 사용자에게 도움이 되는 상품과 제품, 또는 서비스를 개발하고 그것을 제공하는 것을 사업의 출발점으로 삼았던 것이다.

사람들은 흔히 "만약 돈이 있다면 ~을 할 수 있을 텐데"라는 말을 많이 한다. 그러나 그런 식으로 마냥 행운이 찾아오기를 기다려봤자 시간만 갈 뿐이다. '만약 ~라면'이라는 달콤한 기대에 빠져 있는 동안 돈으로도 살 수 없는 시간이라는 귀한 보물을 잃게 될지 모른다.

10세기 스페인의 유대교 사상가인 바히아 이븐 파쿠다Bahya ibn Pakuda는 1080년경에 아라비아어로 『마음의 의무The Book Of Direction To The Duties Of The Heart』라는 책을 썼다. 이 책은 사물의 내면에 마음을 기울이고 진심으로 감정을 담아 사물을 대하려면 어떻게 해야 하는지를 다루고 있다. 기억할 만한 내용이 많이 들어 있지만 그중에서도 내 뇌리에 가장 깊이 남아 있는 것은 "'만약'과 '아마'에 의지하지 말라"는 격언이다.

'만약'이나 '아마'라는 생각을 자주 하는 사람은 대부분 모든 일이 자기 편한 대로 일어나기를 바란다. 만약 자신에게 능력이 있다면……, 만약 자신이 멋진 회사에 채용된다면……, 아마 내년은 경기가 더욱 좋아지겠지……. 그러나 현실은 그렇게 만만하지 않을뿐더러 오히려 기대와 반대되는 현상이 일어나는 경우가 많다. 그 전형적인 예가 '아마도 30미터가 넘는 대형 해일은 일어나지 않을 거야'라든가 '우리 회사의 원자로가 폭발하는 일은 없을 거야'라는 식의 생각이다. 그런 달콤한 기대가 동일본 대지진의 해일 피해와 후쿠시마 제1원전 사고의 피해를 '예상 밖'으로 크게 키웠다.

'만약, 아마'라는 식의 발상을 하는 사람은 막상 행운이 찾아와 준다고 해도 준비가 부족해서 제대로 대응하지 못할 수도 있다. 모처럼의 행운을 놓치고 마는 것이다. 하물며 준비되어 있지 않은 때에 불운이 찾아온다면 그저 갈팡질팡 허둥거릴 수밖에 없지 않을까?

목표를 이루기 위해 온힘을 다하라 _ 디즈레일리

귀족이어야만 수상이 될 수 있었던 영국 빅토리아 여왕[4] 시대에 최초의 서민 출신 수상이 된 디즈레일리[5]는 역대 영국 수상 중에서 유일하게 유대인이다. 당시 영국에서는 유대인에 대한 차별이 심했는데도 불구하고 디즈레일리는 두 번이나 수상의 자리에 올랐다. 디즈레일리는 "시간을 얻는 사람은 모든 걸 얻는다"라고 말한 바 있다.

디즈레일리는 언젠가는 반드시 영국 수상이 되겠다는 꿈을 갖고 어린 시절부터 차근차근 준비를 해나갔다. 스물두 살에 소설가로 데뷔하여 주로 정치 소설을 발표했으며, 서른다섯에 보수당의 하원의원에 당선되고 예순넷에 수상의 자리에 올랐다. 그런데 불행히도 10개월 만에 실각하고 말았다. 그토록 간절히 바라던 꿈이 그야말로 짧은 꿈으로 마감되는 순간이었다. 디즈레일리가 내세웠던 대영국주의(大英國主義, 영국의 보수당이 주장한 제국주의적 영토 확장론 - 옮긴이)에 반대하며 자유당의 글래드스턴[6]이 식민지 지배의 부담을 경감하자는 소영국주의小英國主義를 제창했기 때문이다.

당시 디즈레일리는 영국에는 식민지를 확대하는 대영국주의가 필요하다고 생각했다. 디즈레일리는 수상의 자리를 떠나서도 자신의 생각을 굽히지 않고 그러한 자신의 생각을 국민이 알기 쉽게 소설의 형태로 발표했다. 5년 뒤 글래드스턴이 실각하자 일흔 살의 디즈레일리에게 다시 기회가 찾아왔다. 두 번째로 수상의 자리에 오른 디즈레일리는 수에즈 운하를 매입하는 등 영국 역사에 길이 남을 대성공을 거두었다. 그는 어렵게 이룬 꿈을 박탈당하고도 그 꿈을 포기하지 않았다. 또한 결코 자신의 생각을 굽히지 않왔다.

디즈레일리는 "말과 행동이 일치하는 사람은 운명을 믿고, 변덕스러운 사람은 기회를 믿는다"는 말도 했다. 한번 뜻을 세우면 아무리 불리한 조건이라도 철저하게 목표를 실현하기 위해 전력을 다하는 것이 바로 디즈레일리의 삶이었다. 그는 자신의 꿈과 사상을 어느 한순간도 내려놓지 않았다.

디즈레일리는 유대인으로 차별받는 사회 속에서도 주눅들지 않고 자신의 꿈을 당당하게 펼쳤다. 직접적인 박해는 없었을지언정 세상의 시선은 차가웠다. 그럼에도 불구하고 디즈레일리는 자신의 신념을 관철했고 세상을 향해 소설로써 자신을 표현했다. 그리고 의회 의원이 된 것에 그치지 않고 마침내 빅토리아 여왕에게 가장 신뢰받는 수상이 되었다.

당신은 차별 받고 있는가? "내가 디즈레일리처럼 자신이 원하는 것을 할 수 있을지 잘 모르겠다"라는 말은 하지 마라. 사실 당신을 가장 차별하고, 위축시키는 것은 그렇게 말하는 바로 당신

----

4. 빅토리아 여왕(Queen Victoria, 1819년 5월 24일~1901년 1월 22일)은 1837년 6월 20일부터 1901년 1월 22일까지 대영제국 전성기의 상징으로 군림한 여왕이다.
5. 벤저민 디즈레일리(Benjamin Disraeli, 1804년 12월 21일~1881년 4월 19일)는 이탈리아계 유대인 역사가의 장남으로 태어나 1968년에 유대인 최초로 영국 수상이 되었다.
6. 윌리엄 글래드스턴(William Ewart Gladstone, 1809년 12월 29일~1898년 5월 19일)은 보수당 디즈레일리의 라이벌로서 수상에 네 번이나 임명된 영국 자유당의 정치가이다.

자신이다.

"괜찮아, 디즈레일리도 해낸 일인데 나라고 못할 리가 없어"라고 스스로를 다독이며 당신이 하고 싶은 일을 향해 한 걸음 내디뎌보라. 당신이 자신을 인정하지 않는 한, 누구도 당신을 인정해주지 않는다. '만약'이나 '아마'라는 헛된 기대나 불확실한 바람을 버리고 스스로를 믿고 움직여라. 그러면 운명은 당신의 손을 들어줄 것이다.

평생 꼭 실현하고 싶은 일은 무엇인가?

평생이 걸리더라도 당신이 꼭 실현하고 싶은 일은 무엇인가? 그것을 달성할 수 있고 없고는 지금 문제 삼지 마라. 그 일을 달성하려면 돈이 필요하다거나 당신에게 그럴 만한 실력이 없다거나, 혹은 자격이 없다고 해도 그것은 문제 삼을 필요 없다. 막연해도 좋다. 평생 꼭 실현하고 싶은 일, 달성하고 싶은 일을 종이에 직접 쓴 다음 가만히 자신의 가슴에 대어봐라. 그리고 그 종이를 서랍 안에 소중히 간직해라.

위대한 사람의 능력은 과대평가되고
보통 사람의 능력은 과소평가된다.
기회를 주어라, 그러면 사람은 성장한다.

루이스 브랜다이스Louis Brandeis

기다리기만 하면 기회는 지나간다

　당신은 자신의 능력을 타인에게 충분히 인정받고 있지 못하다고 생각하는가? 자신이 원하는 일을 하기 위한 능력이 부족하다고 생각하는가? 하지만 그건 당신만의 갇힌 생각이지 않을까? 절대적으로 옳은 생각이란 존재하지 않는다. 사람의 생각은 어디까지나 상대적이다.

　이를테면 어린 꼬마였을 때 내게는 대형 트럭의 바퀴가 굉장히 커 보였다. 길을 가다가 옆에서 굉음을 내며 달려가는 트럭 바퀴에 빨려 들어가는 것은 아닌지 무서워했을 정도다. 마찬가지로 어린 시절 어른을 보면 매우 커 보였다. 초등학교 1학년일 때는 6학년 형이 아저씨처럼 보였고, 교단 위의 선생은 모든 것을 전부 다 아는 만물박사처럼 생각됐다. 대학생이 되고부터는 교수가 학문의 권위자처럼 보였고, 신입사원 시절에는 과장이 경험이 풍부한 실력자로 보였다. 30대의 어른이 되어서도 회사의 임원이나 부장은 대단한 인물처럼 보였다.

　이는 일종의 '공포'와 비슷한 감정이다. 윗사람을 무서워하고 그들이 위대해 보이는 것은 우리가 서열의 세계에 살고 있기 때문이다.

고정관념에서 벗어나라

서열과 상관없이 사물을 보면 색다르게 인식할 수 있다. 예를 들어 나는 어릴 때 목수가 대패질을 하는 모습이나 미장공이 벽을 바르는 모습에 반해서 매우 멋진 일이라고 감탄하고는 했다. 자전거 가게 주인이 자전거를 수리하는 것을 보고 정말 대단한 기술이라고 존경했다.

'공포'가 아닌 아이의 시선으로 오직 '감탄'했던 것이다. 지금은 적어도 장인이나 기술자가 하는 일이 선생이나 교수, 회사 임원의 일보다 훨씬 고도의 기술과 감각을 필요로 한다는 것을 알고 있다. 손가락 끝까지 섬세한 신경과 감각이 없으면 그런 일을 완벽하게 해낼 수 없기 때문이다.

빌딩이나 집을 해체하는 일도 그렇다. 일반적으로 건축물 해체업이라고 하면 매우 거친 일로 생각하기 쉽지만 실제로는 전혀 다르다. 전에 내가 살던 곳 맞은편의 큰 저택을 해체하는 작업을 창문 너머로 직접 본 적이 있는데, 작업을 시작하기 전에 먼저 사고가 일어나거나 부상을 입지 않도록 실내 위험물을 제거한다. 이어서 양탄자를 벗겨 유리창이나 유리문을 감싸고 유리를 부수어 양탄자째로 밖으로 내간다. 그런 다음 지붕과 이층 부분을 해체하기 시작한다. 작업원은 모두 젊은 사람들이었는데, 매우 조심스럽게 작업에 임하고 있었다.

건축물 해체업은 보통 힘들고, 더럽고, 위험한 3D 업종의 하나로 생각한다. 그러나 사회에 반드시 필요한 일이다. 사람이 사는 동안 신진대사를 하는 것처럼 사회도 사회로서의 활동을 계속하는 한 신진대사를 하게 마련이다. 그러므로 3D 업종은 없어지지 않을 것이다.

사회가 잘 돌아가려면 3D 업종은 반드시 필요하다. 그런데 불경기 때문에 취직하기 힘들다고 한탄하면서도 젊은이들은 3D 업종에는 좀처럼 눈을 돌리지 않는다. 가능한 한 깨끗하고, 스마트한 일을 하고 싶어하는 이들이 많은 것이 현실이다.

우리는 3D 업종에 종사하는 사람들에게 더욱 감사해야 한다. 그리고 만약 당신이 지금 실업 중이라면 발상을 전환해서 3D 업종에서 자신의 가능성을 찾아보는 것도 한 가지 방법이 될 수 있다. 고정관념을 벗으면 진정으로 가치 있는 일이 무엇인지 보인다.

9전 10기의 마음가짐을 가져라 _ 아사노 소이치로

세상에는 두 가지 사람이 있다. 역경에 부딪혔을 때 그 자리에 그냥 주저앉는 사람, 그리고 다시 일어나 도전하는 사람. 후자 중에서도 자신을 비우고 험한 길로 접어들어 인생을 새롭게 시작해 성공한 예도 있다. 아사노 재벌의 창시자인 아사노 소이치로[1]가 그 대표적인 예다. 아사노는 스물두 살의 나이에 큰 빚을 지고 야

반도주를 했는데, 그 뒤 무일푼인 상태에서 사업을 시작했다.

아사노는 1848년 현재의 도야마 현 히미氷見 시에서 의사 집안의 둘째 아들로 태어났다. 다섯 살 때 부친의 지인인 의사 집안에 양자로 들어갔지만 8년 뒤 친부모에게 돌아갔다. 그는 열여덟 살에 당시 부농이었던 가마나카鎌仲 가문의 데릴사위가 되었다.

그때 아사노는 농업이 아닌 상업을 시작했다. 부농 집안이라 많은 사람이 드나들었고 사업에 관한 정보도 많았기 때문이다. 아사노는 젊은 나이에 호쿠리쿠北陸 지방의 물산을 널리 취급하는 대상인이 되었다. 그러나 성공은 한때였고 1871년에 300냥의 빚을 지고 말았다. 현재의 통화 가치로 계산하면 약 1억 원 정도 되는 빚이었다.

게다가 메이지 유신으로 사회 제도가 바뀌면서 경제마저 혼란해졌다. 빚을 갚을 길이 없었던 아사노는 가마나카 가문을 떠나 도쿄로 도망쳤다. 말 그대로 땡전 한 푼 없는 맨몸이었다.

아사노는 혼고本郷의 하숙집에서 가까운 오차노미즈お茶の水로 가서 설탕물 한 잔에 1전을 받고 파는 행상을 시작했다. 물통을 지게에 지고 여러 동네를 다니는 중노동이었지만 그는 한 푼 두 푼 착실히 돈을 모았다. 이어 못 쓰게 되어 버리는 대나무 껍질을 재활용하여 장사를 했다. 당시 대나무 껍질은 비닐이 발명되기 전까지 된장이나 생선, 과자 등의 식품을 싸는 포장 재료로 사용되었다.

그 후 아사노는 요코하마橫浜에서 장작과 숯을 파는 석탄점을 열었다. 그리고 석탄의 폐기물인 코크스를 시멘트 제조의 연료로 이용하는 방법을 개발해서 이를 시멘트 공장이나 제지 회사 등에 팔았다. 또 코크스에서 콜타르를 추출해서 콜레라의 소독약인 크레졸을 만들어 막대한 이익을 올렸다. 그는 이어 태평양 시멘트의 전신인 아사노 시멘트와 일본제관, 동해운수와 동아건설 등에 이르는 다양한 업종으로 사업을 확대했다.

아사노 소이치로는 학교도 제대로 다닌 적이 없다. 그러나 당시로서는 최첨단 기술인 시멘트에 관한 지식이나 항만건설 기술을 이해할 정도의 이해력은 갖고 있었다. 배운 것도 없고, 자본도 없고, 배경도 없는 아사노였지만 그렇게 그는 일본 15대 재벌 기업가가 되었다.

유대인 최초로 미국 연방 최고법원의 판사에 임명된 루이스 브랜다이스[2]는 이렇게 말했다.

"위대한 사람의 능력은 과대평가되고 보통 사람의 능력은 과소평가된다. 기회를 주어라, 그러면 사람은 성장한다."

....
1. 아사노 소이치로(浅野総一郎, 1848년 4월 13일~1930년 11월 9일)는 도야마(富山)에서 태어났다. 아사노 재벌을 창립하였으며, '메이지의 시멘트왕'이라 불렸다. 게이힌(京浜) 공업지대 조성에 공헌했다.
2. 루이스 브랜다이스(1856년 11월 13일~1943년 10월 5일)는 미국의 법률가이다. 켄터키 주에서 태어났으며 그의 부모는 체코에서 이주한 유대교도였다. 하버드 대학교 법학대학을 졸업한 뒤 변호사를 거쳐 1916년에 미국 연방 최고법원의 판사에 임명되었다.

물론 경영자는 우수한 재능을 갖고 있는 인재를 발견해서 그들에게 일할 수 있는 기회를 주어야 할 책임이 있다. 그러나 그 이상으로 중요한 것은 당신 스스로가 먼저 비록 물을 파는 하찮고 힘든 일이라도 찾아내어 거기서부터 기회를 넓혀가는 것 아닐까? 기다리고만 있으면 기회는 오지 않는다. 어쩌면 기회는 기다리고 있는 당신 옆을 모르는 사이 그냥 지나쳐 갈 수도 있다.

아사노 소이치로는 만년에 자신의 삶을 회상하며 인생이란, 7전 8기가 아니라 아홉 번 넘어져도 열 번 일어나는 '9전 10기'라고 했다. 그리고 그러한 생각을 바탕으로 근로를 중요시하면서 면학할 수 있는 장소인 아사노 학원을 설립했다. 현재 도카이도선東海道線의 신코야스新子安 역 위쪽에 있는 아사노 학원 언덕 위에는 도쿄만을 내려다보고 있는 소이치로의 동상이 서 있다.

자신의 능력을 발견하라

① 당신은 어떤 능력을 갖고 있는가?

② 당신이 할 수 없다고 생각하는 일은 무엇인가?

③ 당신이 참고할 만한 유대 격언은 다음의 둘 중 하나이다.

"능력이 부족하면 부족할수록 자만심이 강하다." – 아하드 하암(Ahad Ha'am, 초기 시온주의 운동을 주도했던 철학자 – 옮긴이)

"어떤 일을 할 수 없다고 생각한다면 이미 그 일은 그 사람에게 불가능한 일이다." – 스피노자

그대가 서 있는 바로 그곳이
세상의 중심이다.

『탈무드』 '베호롯' 편 8

활기차게, 열정으로 압도하라

동물 가운데 인간과 대조적 혹은 정반대인 생물은 무엇일까? 사자일까, 코끼리일까, 혹은 곤충류일까, 아니면 개미나 메뚜기, 바퀴벌레, 물고기일까? 인간이란 욕망의 복합체인 동시에 행동을 통해 만족감을 맛보고, 행동함으로써 삶의 보람을 실감하는 존재이다. 그래서 나는 이런 인간과 가장 대조적인 생물은 해안의 바위틈이나 배 밑바닥에 붙어사는 '따개비'라고 생각한다.

따개비는 조개처럼 보이지만 실은 새우나 게와 같은 절지동물이다. 연체동물인 조개류나 문어, 오징어, 달팽이와 같은 운동 기능은 없다. 따개비는 부화하면 노플리우스[1] 유생으로서 바닷속을 떠돌면서 플랑크톤 등을 먹고 성장하는데, 한 달 정도가 지나면 번데기를 닮은 키프리스[2] 유생으로 변태한다. 그리고 정착생활이 가능한 장소를 찾아 무리지어 살며 석회질 껍질을 지닌 따개비로 성장한다. 일단 고착생활을 시작하면 그 장소를 떠나지 않는다.

따개비는 암수한몸인데, 생식을 위해 암컷의 생식기를 펼쳐 다

....
1. 노플리우스(Nauplius) 유생이란, 갑각류의 가장 기본적인 유생의 모습으로 작은 팔을 움직여 자유롭게 헤엄쳐 다닌다.
2. 키프리스(cypris) 유생은 정착할 수 있도록 특화되어, 해저를 돌아다니며 정착생활에 적합한 장소를 찾는다.

른 따개비를 향해 뻗는다. 자신의 장소에서 꼼짝도 하지 않는, 인간과는 참 대조적인 굉장한 게으름뱅이다. 아마도 한곳에서 계속 사는 것이 따개비에게는 편안하고 쾌적한 듯하다.

그러나 사실 인간의 행동에도 따개비와 매우 유사한 측면이 있다. 이를테면 전철 안의 긴 의자를 떠올려보자. 대개 양쪽 끝에서 끝까지 사람으로 꽉 차 있는데 일반적으로 사람은 타인과 약간 떨어진 위치에 앉으려 한다. 타인과 어느 정도 거리를 두어 자신의 안전 영역을 확보하려는 본능적인 행동이다.

'안전 담요'를 벗어던져라

처음으로 미국 가정을 방문했을 때의 일이다. 그 집에는 두 살짜리 남자아이가 있었는데, 처음 보는 일본인 손님이 신기했던지 꽤 흥분했다. 그런데 그 아이는 더러운 담요를 끌고 다니며 손에서 놓지를 않았다. 왜 더러운 담요를 움켜쥐고 다니는지 궁금했던 나는 아이의 부모에게 물어보았다. 그러자 "아아, 저것은 안전 담요예요"라고 답했다. '안전 담요'란 어린아이가 어디든 갖고 다니는 자신의 체취가 묻어 있는 담요를 말한다. 즉 어린아이는 자기만의 담요에 감싸여 있어야 안심이 되는 것이다. 만화 '피너츠Peanuts[3]'의 등장인물 라이너스가 들고 다니는 것도 바로 이 안전 담요이다.

그런데 미국 아이들은 성장하면서 안전 담요를 벗어던지고 독립심이 왕성한 소년으로 변모한다. 아르바이트 등을 해서 번 돈으로 자신이 좋아하는 일을 하고 마침내는 부모에게서 독립한다. 그리고 스스로 납득하고 만족할 만한 자신만의 삶을 개척해나간다.

물론 학교를 졸업하고 한 회사에서 정년퇴직할 때까지 일하는 사람도 있지만 대개는 서른 살 전에 한 번이나 두 번쯤은 직장을 옮긴다. 일이 싫어져 회사를 옮기는 것이 아니라 자신의 재능이나 능력을 인정해주는 사람을 만나 옮겨가는 것이다. 회사를 옮긴다는 것은 매우 엄격한 비판이나 심사를 견디어야 한다는 뜻이기도 하다. 자만심이 강한 사람은 회사를 옮기면 금방 정체가 드러난다.

타인에게 인정을 받으려면 남이 시키지 않아도 스스로 일하고 실적을 쌓아야 한다. '모르니까 할 수 없다'거나 '해본 적이 없어서 할 수 없다'고 변명하지 말고 도전해야 한다.

자신만의 아우라를 뿜어내라

1977년 미국에서 귀국했을 때의 나는 비즈니스 경험이 전혀 없었다. 게다가 일본에는 내 전공인 유대 사상 연구와 관련해서 나를 고용해줄 대학도 없었다. 어쩔 수 없이 나는 일본에 돌아온 뒤 처음 석 달 동안 미역을 파는 행상을 했다.

....
3. 찰스 슐츠(Charles M. Schulz)가 그린 미국 만화이다. 주인공인 찰리 브라운과 강아지 스누피 등 독특한 캐릭터로 인기를 얻었다.

그다음에는 어느 컨설팅 회사에 취직을 했다. 아마도 그 회사는 '비즈니스 경험은 전혀 없지만 영어를 조금 할 수 있으니 외국계 기업 담당 컨설턴트의 인턴으로 사용해보자. 6개월이나 1년 정도면 일을 배울 수 있겠지' 하는 생각에서 나를 고용했을 것이다.

그 회사에 입사한 날에 총무부장으로부터 "사내 파일이나 자료는 자유롭게 봐라. 선배가 일하는 모습을 보고 싶으면 방해가 되지 않는 범위에서 자유롭게 동석해도 좋다"라는 말을 들었다. 별도의 사원 교육이나 오리엔테이션 없이 오직 그 말뿐이었다.

첫날은 그렇게 끝났는데 둘째 날도 별다른 지시가 없었다. 그래서 조금 불안해진 나는 사내 자료와 파일을 열심히 읽기 시작했다. 그렇게 해서 일주일 만에 회사의 지난 자료를 모조리 읽어치웠다.

이주일째가 되던 월요일에 갑자기 상사의 부름을 받았는데 모회사에 갈 테니 따라오라는 명령이었다. 나는 무슨 일인지, 왜 가는 것인지 아무것도 모른 채 동행해야 했다. 상대 회사에 도착해서 인사를 마치자 상사는 상대측 임원에게 이렇게 말했다.

"이 데지마 씨는 이번에 저희 회사에 입사했습니다만, 귀사의 안건은 이 데지마 씨가 담당할 것입니다. 만약 이 사람의 제안이 마음에 안 드신다면 의뢰를 재검토해주십시오."

뭐라고? 내가 담당이라고? 정말 금시초문이었다. 나는 갑자기 머릿속이 하얘져서 횡설수설하고 말았다.

이것이 내가 사회인으로 내디딘 첫걸음이었다. 사무실로 돌아온 뒤 나는 전화로 상대 회사에 사과를 하고 그쪽에서 원하는 안건에 대한 상세한 내용을 들었다. 그리고 이틀 뒤 제안서를 보내자 이주 만에 컨설팅 안건을 수락하겠다는 통지가 왔다.

일을 할 수 있다거나 할 수 없다는 생각 이전에 더 중요한 것이 있다는 것을 나는 깨달았다. 자신이 두 발을 단단히 딛고 일 앞에 서 있는가 하는 것이다. 유대의 속담에 "그대가 서 있는 바로 그곳이 세상의 중심이다"라는 말이 있다. 세상의 중심에 서 있기 때문에 도망칠 수도, 숨을 수도 없다는 것을 자각하고 정정당당하게 등을 꼿꼿이 세워라.

그러면 한결 마음에 여유가 생기고, 자신의 주위를 편안한 마음으로 바라볼 수 있다. 안정된 눈으로 냉정하게 세상을 관찰할 수 있다. 등을 꼿꼿이 세우면 자연스럽게 심호흡을 할 수 있다. 그러면 당신 내면에서부터 생기가 솟아오르고 저절로 활기가 넘친다. 그 활기를 영어로는 '아우라'라고 한다.

등을 꼿꼿이 세우고 성큼성큼 걸어가는 사람의 뒷모습을 보라. 그 사람에게서 뿜어져 나오는 아우라를 느낄 수 있을 것이다. 이제 내가 '팡!' 하고 당신의 등을 두드릴 테니 당신도 한 걸음 내디뎌보라. 그러면 자연스럽게 당신에게서도 아우라가 뿜어져 나올 것이다. 등을 꼿꼿이 펴고 성큼성큼 걸어가라.

제3부
사람을 소중히 대하라

친구가 없는 사람은 왼손만 있고
오른손이 없는 것과 같다.

솔로몬 이븐 가비롤Solomon ben Yehuda ibn Gabirol

인간은 교류하며 성장한다

　서양 문명과 동양 문명의 차이는 무엇일까? 동서양은 민족과 언어, 생활 습관뿐 아니라 기술과 경제의 발전 과정도 크게 다르다. 특히 나는 '인간이란 무엇인가?'라는 물음에 접근하는 방식에서 동서 문명의 차이가 가장 두드러진다고 생각한다. 서양의 경우에는 이 의문에 정면으로 부딪쳐 해답을 찾으려 한다.

　예를 들어 파스칼[1]은 '인간은 생각하는 갈대'라고 표현했다. 인간은 바람에 흔들리는 강가의 갈대처럼 약한 존재이지만 '사고'라는 위대한 능력을 갖고 있다는 의미이다. 아울러 웹스터 영어사전에 따르면 영어 '맨(man, 인간)'의 기원은 마인드(mind, 생각하다)라고 한다. 예부터 '사고력'이야말로 인간의 특질이라고 생각했던 것이다.

　아리스토텔레스[2]는 '인간은 사회적 동물'이라고 말했다. 본래 아

----

1. 블레즈 파스칼(Blaise Pascal, 1623년 6월 19일~1662년 8월 19일)은 프랑스의 철학자이며 종교가이다. 열여섯 살에 '파스칼의 정리'를 발견하는 등 자연과학 분야에도 크게 공헌했다.
2. 아리스토텔레스(Aristoteles, 기원전 384년~기원전 322년 3월 7일)는 고대 그리스의 철학자이다. 플라톤의 제자로 문학, 과학, 의학 등 다양한 분야에 걸쳐 뛰어난 재능을 발휘했다. 알렉산더 대왕(Alexandros the Great)의 가정교사이기도 했다.

리스토텔레스는 '인간은 폴리스적 동물'이라고 말했는데 이 폴리스가 나중에 사회로 변화되어 전해진 말이다. 폴리스Polis란 고대 그리스의 사회적 단위를 뜻하는데 정치적, 사회적 공동체 단위인 폴리스를 구성하고 사는 것이 인간의 특성이라고 생각한 것이다. 그러나 그와 동시에 아리스토텔레스가 '인간은 동물이거나 혹은 신이다'라고 인간에 대한 최종적인 판단을 유보했다는 사실은 거의 알려져 있지 않다.

진화론을 제창한 다윈[3]은 '인류는 동물로서의 수백만 년을 거친 뒤 다시 오늘날의 인간다움을 갖추기까지 수만 년의 진화 과정을 거쳤다. 그러므로 인류는 현재도, 그리고 미래에도 계속 동물일 것이다'라고 말했다.

인간이란 무엇인가?

'인간이란 무엇인가?'라는 물음은 결국 '나는 무엇인가?'라는 물음이다. 우리는 스스로를 잘 알고 있다고 생각하지만 자신에 대해 모르는 점도 의외로 많다. 그래서 '인간이란 무엇인가?'라는 물음에 완벽하게 답하기란 상당히 어렵다. 서양에서는 '인간이란 무엇인가?'라는 질문을 다양한 각도로 연구하는 '인간학'이라는 학문이 발달해왔다.

한편 동양에서는 '인간이란 무엇인가?'라는 물음의 답을 정면에서 찾기보다는 살짝 비켜나 전체를 살피면서 이 문제를 다루었다고 생각한다.

예를 들어 한자의 사람 '인人' 자는 사람의 옆모습을 형상화한 것으로 서양처럼 '생각한다'는 개념은 없다. 또한 일본의 신도(神道, 일본 고유의 자연종교-옮긴이)에서는 '사람'이란 '영靈이 멈춰 머무는 것'으로 생각하기도 한다. 이처럼 일본이나 중국의 종교, 철학에는 '영처럼 초자연적인 것과 교신한다'는 샤머니즘적 관점이 바탕에 깔려 있다.

그래서 굳이 '인간이란 무엇인가?' 하고 물으려 하지 않는다. 그보다는 불교적으로 번뇌를 어떻게 줄일지, 혹은 신도처럼 부정함을 어떻게 씻을지에 관심이 집중되었다.

그런데 유대인 사회에서는 이미 3,000년 전부터 인간은 고독을 참지 못하는 존재라는 인식이 정착되어 있다. 천지창조 후 하나님은 '사람이 혼자 있는 것이 좋지 않으니, 그에게 알맞은 협력자를 만들어주겠다'고 말씀하셨다고 『성경』은 기록하고 있다(『성경』 「창세기」 2장). 그리고 하나님은 수많은 종류의 짐승과 새 등 살아 있는 것들을 창조하셨는데, 그중에서는 사람(아담)에게 맞는 배필을 찾지 못하셨다. 그래서 하나님은 아담의 갈비뼈를 취하여 여자(이

----

3. 찰스 다윈(Charles Robert Darwin, 1809년 2월 12일~1882년 4월 19일)은 영국의 자연과학자이다. 모든 생물이 공통 조상으로부터 자연 선택에 따라 진화했다는 진화론을 제창했다.

브)를 창조하셨던 것이다.

하나님은 남녀가 서로 사랑하여 결혼하고 아이를 낳고 행복한 가정을 꾸리기를 원하셨다. 그러나 그것이 안락한 생활을 의미하지는 않는다.

'너는 평생 수고하여야 그 결실을 먹으리라, 얼굴에 땀을 흘려야 양식을 먹으리라'고 하나님은 명하셨다.

혼자서는 살아갈 수 없는 존재

그렇다면 왜 인간은 평생 수고를 하면서까지 타인과 함께해야 하는가? 이 물음에 대해 유대인 장군이며 역사가이기도 한 요세푸스[4]는 다음과 같이 말한다. "사람들과 어울리기기 위해 우리는 태어났다."

요세푸스는 66~73년에 일어난 유대 전쟁에서 동료들과 마지막까지 싸우다 함께 전사하기를 원했으나 67년에 로마군의 포로가 되었다. 그리고 살아남아서 여생을 『유대 고대사』와 유대와 로마의 전쟁을 기록한 『유대 전쟁사』를 집필하는 데 바쳤다. 요세푸스의 기록 덕분에 우리가 당시의 시대상을 자세히 알 수 있게 된 것이다. 이 또한 사회에 도움이 되는 하나의 방법이 아니겠는가?

그로부터 수천 년 뒤 스페인의 유대인 시인이며 철학자인 가비롤[5]이 고독한 인간에 대한 멋진 비유를 남겼다.

"친구가 없는 사람은 왼손만 있고 오른손이 없는 것과 같다."

물론 인간은 한 손만으로도, 다시 말해 고독하더라도 살아갈 수 있다. 그러나 당신이 필요로 하는 음식과 옷, 집과 가구, 일용품 등은 자신의 힘만으로는 손에 넣을 수 없다. 우리가 일상에서 사용하는 물건도 누군가 다른 사람의 노동의 결과로 만들어지는 것이다.

설사 당신이 회사에 다니며 번 돈으로 레스토랑이나 슈퍼마켓에서 물건 값을 치렀다 하더라도 당신은 타인의 신세를 지고 있는 것이다. 왜냐하면 당신이 일하는 회사의 서비스를 누군가가 돈을 지불하고 산 덕분에 당신이 급여를 받을 수 있는 것이기 때문이다.

더 알기 쉽게 말하면 당신이 그림을 그렸고, 그 그림을 누군가 사준 덕분에 그림을 판 돈으로 식사를 했다고 가정해보자. 어딘가에서 일해서 번 돈으로 그 그림을 사준 사람 덕분에 당신이 식사를 할 수 있었던 것이다.

만약 당신이 아무에게도 신세를 지지 않고 생활하려면 망망대

---

4. 플라비우스 요세푸스(Flavius Josephus, 37년~100년 경)는 제정 로마 시대의 유대인 정치가이자 역사가이다. 67년에 로마군에 투항해서 예루살렘이 함락될 때까지를 목격한 뒤 『유대 전쟁사』 등을 집필했다.
5. 솔로몬 이븐 가비롤(1021년 경~1058년 경)은 스페인의 말라가(Malaga)에서 태어난 유대교도이며 시인이다. 신플라톤주의(Neoplatonism) 철학자이기도 하며 중세 유럽 사상계에 커다란 영향을 끼쳤다.

해의 무인도에서 홀로 사는 로빈스 크루소[6]가 되는 수밖에 없을 것이다.

그러한 경우라도 로빈슨 크루소가 난파선에서 처음 무인도로 가져간 가재도구나 옷 등은 타인의 손으로 만들어진 물건이다. 이렇듯 인간은 타인과 완전히 관계를 끊고는 살아갈 수 없다.

사람들 속으로 나아가라

이처럼 우리 인간을 둘러싼 환경을 관찰하면, 타인과 적극적으로 관계를 맺을 때 우리의 생활이 충족된다는 것을 알 수 있다. 동양의 예로 불교 스님의 말을 소개하고자 한다. 다음은 일본에 선종의 일파인 조동종曹洞宗을 전파한 도겐 스님[7]의 말씀이다.

"옥은 탁마(琢磨, 갈고닦음)해야 그릇이 되고, 사람은 연마(鍊磨, 갈고닦음)해야 어질어진다."

이는 도겐 스님이 제자들에게 설법한 가르침을 모은 『정법안장수문기正法眼藏隨聞記』에 수록되어 있는 말로, '비취의 원석은 갈고닦아야 훌륭한 완성품인 그릇이 된다. 이처럼 사람도 수없이 연마해야 자비로운 마음을 갖춘 완성된 인격, 즉 어진 사람이 된다'는 뜻이다.

연마란 단순히 혼자만의 노력으로 가능한 일이 아니다. 혼자서 어딘가에 틀어박혀서 면벽수행을 하는 모습을 생각한다면 그건 완전한 오산이다. 사람은 타인과 만나고, 사람들과 교류하면서 연마된다. 때로 부딪히기도 하면서 다양한 경험을 쌓을 때 사람은 성장하고 어질어진다.

사람은 홀로는 연마되지도, 완성되지도 않는다. 혼자인 인간은 독단과 독선, 자존심만으로 똘똘 뭉친 괴물이 될 수도 있다. 이제 자신을 갈고닦기 위해 사람들 속으로 나아가라. 그러면 분명 새로운 만남과 새로운 고난이 찾아올 것이다. 그리고 마침내는 그것이 당신을 반짝반짝 빛나는 존재로 바꿔줄 것이다.

----

6. 로빈슨 크루소는 1719년에 영국의 소설가 대니얼 디포(Daniel Defoe)가 쓴 소설의 주인공이다. 선원인 로빈슨은 배가 좌초되어 무인도에 표류하는데 그곳에서 홀로 생활하는 모습을 그린 소설이 『로빈슨 크루소』이다.
7. 도겐(道元, 1200년 1월 19일~1253년 9월 22일)은 가마쿠라 시대(鎌倉時代, 1185년 ~1333년) 초기의 승려이다. 1223년에 중국에 갔다가 돌아온 뒤 일본에 조동종을 전파했다.

통로를 향해 두 귀를 바짝 세워라.

독일계 유대인의 속담

현장에서 직접 부딪쳐라

현대는 정보기술이 급속도로 발전하고 있는 혁신의 시대이다. 일본에서는 '정보화 사회'라는 용어가 1970년대부터 사용되기 시작했는데, 당시에는 신문이나 잡지, 서적과 같은 출판물의 홍수를 상징하는 용어였다.

그러나 90년 이후에는 '정보화 사회'라는 말의 의미가 달라지기 시작했다. 이제는 컴퓨터 통신망이 발달해서 인쇄물을 통하지 않더라도 정보를 얻을 수 있는 사회를 가리키는 말이 되었다. 그리고 현재의 사회는 이미 기존의 통신망이라는 개념으로도 대응하기 벅찬 혁신의 시대에 들어섰다. 스마트폰이나 클라우드 컴퓨팅[1]과 같은 기술로 바야흐로 정보가 우주에서 지구를 감싸고 있는 듯한 느낌이다. 지금과 같은 상태로 정보기술이 진보한다면 20년, 30년 후에는 과연 어떤 일이 가능해질지 상상조차 하기 힘들다.

현대는 홈쇼핑, 인터넷 쇼핑과 같은 비즈니스가 확대되어 매우

....
1. 클라우드 컴퓨팅(Cloud Computing)은 인터넷을 이용한 정보기술 자원의 주문형 아웃소싱 서비스이다. 사용자는 네트워크를 통해 다양한 서비스를 제공받고 요금을 지급한다.

편리한 세상이 되었다. 그러나 인터넷이나 홈쇼핑을 통해 상품을 구입하는 사람 중에서 얼마나 많은 사람이 정말로 만족하고 있을까? 대개는 전에 실물을 보거나 사용해본 적이 있어서 안심하고 구입하는 것이 아닐까?

이를테면 많은 사람이 온라인 게임을 즐기게 되면서 게임 산업은 거대 비즈니스로 성장했다. 그런데 가상세상 속 나라를 뺏는 게임에서 전쟁을 벌일 때 인터넷상의 아군을 얼마만큼 신뢰하고 있는가? 마음 한구석으로는 나와 같은 편인 보이지 않는 게임 친구를 반신반의하고 있지는 않는가? 혹시 게임상에서 벌어지는 일이니 어쩔 수 없다고 반쯤 포기하는 마음으로 자신을 납득시키고 있는 건 아닌가? 속마음으로는 게임 상대와 실제로 만나 서로의 인품을 확인해보고 싶은 것 아닌가?

두 귀를 기울여

여기에서 한 가지 확실히 해두고 싶은 것이 있다. 정보화가 진전될수록 자신의 눈과 귀로 확인하고, 자신의 이성으로 이해하고, 온몸으로 확신할 수 있는 일이 아니라면 받아들이지 말아야 한다는 점이다. 당신이 앞으로의 세상에서 자기 자신의 목적을 향해 움직이고 생활하려면, 그리고 마침내 성공하려면 귀찮아하지 말고 정보를 직접 수집해야 한다.

독일계 유대인의 속담에 "통로를 향해 두 귀를 바짝 세워라"라는 말이 있다. 실제 사회의 넘치는 정보 속에 바로 비즈니스에 유익한 정보가 있기 때문이다. 더 나아가 "두 눈으로 본 뒤 두 손으로 잡아라"라는 말도 있다. 이는 정보를 습득한 것에 그치지 말고 실제로 자신에게 도움이 될지 스스로 확인하라는 뜻이다.

아울러 반드시 인터넷으로 정보를 수집하는 것이 좋은 것만도 아니다. 인터넷상의 정보도 유익하지만 무엇보다 일상생활의 현장에서 살아 있는 생생한 정보에 얼마나 빠르게 반응하는지가 중요한 출발점이 된다. 일상생활에서 접하는 정보 속에는 옥과 돌이, 진짜와 가짜가 뒤섞여 있다. 게다가 매스컴은 대체로 대중이 받아들이기 쉬운 내용에 치우쳐 있는 편이다. 그러므로 일반인인 우리가 사물의 실상을 꿰뚫어보기란 쉬운 일이 아니다.

예를 들어 '고농도의 방사능, 스트론튬 90[2]이 1평방미터당 5,700베크렐[3]'이라는 제목의 기사를 보았다고 치자. 사람들은 대뜸 고농도의 방사능이 유출돼서 위험하다고 생각해버린다. 물론 방사능 따위는 아예 없는 편이 낫다. 그러나 사실 위의 기사 제목이 주는 긴박감과는 달리 그 내용을 살펴보면 50년 동안 같은 장

----

2. 스트론튬(strontium)은 우라늄이나 플루토늄이 핵분열을 할 때 생성되는 물질이다. 고농도의 방사성 폐기물 등에 다량으로 함유되어 있다. 섭취하면 뼈에 축적되어 백혈병을 유발하는 것으로 알려져 있다.
3. 베크렐(becquerel)은 방사능의 양을 나타내는 단위이다. 1초 동안 하나의 원자핵이 붕괴하여 방사선을 방출하는 방사능 양이 1베크렐이다.

소에서 살아도 피폭량이 최대 0.12밀리시버트[4]이므로 일반인의 연간 피폭량 한계치를 크게 밑도는 수준이라는 얘기다. 매스컴은 국민의 흥미를 자극하는 기사와 프로그램을 끊임없이 쏟아낸다. 문제는 우리가 그런 기사를 어떻게 판단하는가이다.

그러므로 먼저 우리는 도서관이나 대학의 자료, 분야별 전문서와 백과사전 등의 정확한 자료를 스스로 조사해서 깊이 있고, 폭넓은 지식을 갖추도록 노력해야 한다. 전문가가 제시하는 다양한 의견을 비록 전부 이해하지는 못하더라도 많이 들어두는 편이 좋다. 일간 신문 외에 당신과 상관없는 분야의 전문지도 폭넓게 읽어 둬라. 이러한 지식이 언제, 어느 곳에서 도움이 될지는 알 수 없는 일이다.

다양한 정보를 흡수하라

서른다섯 살에 일본에 돌아왔을 때 나는 일본의 비즈니스나 비즈니스 사회에 대해 아는 것이 거의 없었다. '품의[5]'나 '사전 의견 조정'이라는 말의 뜻조차 알지 못했다.

그래서 컨설팅 회사에 취직한 후 나는 매일 아침 출근길 전철 안에서 《일본경제신문》을 처음부터 끝까지 빼놓지 않고 읽었다. 콩나물시루 같은 만원 전철 대신 편히 앉아서 신문을 읽기 위해 새벽 다섯 시에 일어나 아침식사도 거른 채 집을 나섰다.

일곱 시에는 사무실에 도착해서 업무가 시작되기 전까지 두 시간 동안《닛케산업日経産業》,《일간공업日刊工業》,《전파신문》,《재팬타임스》와 그 밖의 주요 전국지 등 열 개 이상의 신문을 광고 하나까지 빼놓지 않고 읽었다. 이로써 나는 일본의 산업과 유통, 경제에 관한 최신 정보를 얻을 수 있었다.

고객에게 업무를 의뢰받으면 고객의 업무와 업계의 문제점 등을 고객 측 담당자에게 철저히 배웠다. 고객의 이야기는 내 실무지식을 넓혀주었고 활자로 인쇄된 책으로는 알 수 없는 현장의 분위기와 문제, 경우에 따라서는 전문서에도 나와 있지 않은 일의 흐름까지도 가르쳐주었다.

이러한 내 경험은 학문이나 연구 분야에도 똑같이 적용된다. 권위자의 말을 빌리거나 선행 연구자의 가설이나 모델에 자신의 가설을 갖다 붙여봤자 독자적인 성과를 기대하긴 어렵다. 먼저 최대한 폭넓은 지식을 습득하여 박학다식해질 필요가 있다. 그러고 나서 선행 연구에서 테마를 찾아 스스로 가설을 세워 원서를 탐구한다. 또는 실제로 여러 가지 경험을 해봄으로써 자신의 가설이 옳다는 것을 확인한다.

집요하게 원서를 파고들거나 반복 실험을 함으로써 지금까지 지

....
4. 시버트(sievert)은 인체에 노출된 방사선의 양을 측정하는 단위이다.
5. 품의란 회사나 관청 등에서 일일이 회의를 여는 번거로움을 덜기 위해 담당자가 안을
   작성해서 관계자에게 돌려 승인을 요청하는 것을 말한다.

적되지 않았던 사실을 알게 되고 그것이 새로운 발견으로 이어진다. 어디서든 현장에서 배우는 태도는 매우 중요하다.

좋은 술을 팔고 싶다면 양조장으로 가라 _ 다케츠루 마사다카

현장에서 확실한 지식과 경험을 습득하는 것이 얼마나 중요한지에 대해 로스차일드 재벌의 기반을 닦은 네이슨 메이어 로스차일드[6]는 다음과 같이 이야기하고 있다.

"만약 좋은 술을 빚어 팔고 싶다면 양조장의 견습생으로 들어가라. 그러면 런던에서 양조가로 성공할 것이다."

다시 말해 위스키의 본고장 스코틀랜드에서 정통 위스키의 제조법을 배워 위스키 양조장이 없는 런던에서 개업하면 크게 성공할 것이라는 의미이다.

그런데 일본인으로 이 말을 그대로 실천한 인물이 있다. 일본 최초로 정통 위스키를 양조한 다케츠루 마사다카[7]가 바로 그 사람이다. 다케츠루는 히로시마에서 소금을 제조하고 일본 전통주(사케) 양조장을 운영하던 다케츠루 가문에서 태어나 오사카 고등공업학교(현재의 오사카 대학)의 양조학과에 입학했다. 그러나 졸업을 바로 앞둔 1916년에 새로운 술인 양주에 흥미가 생겨 당시 국산 양주업계의 대기업이었던 오사카의 세쓰 주조摂津酒造에 졸업도 하지 않고 입사했다.

1918년 다케츠루는 본격적으로 순국산 위스키를 생산한다는 회사의 방침에 따라 스코틀랜드로 건너가 양조학의 기초인 유기화학과 응용화학을 글래스고 대학에서 배웠다. 그 후 다케츠루는 스코틀랜드의 위스키 양조장을 여러 곳 견학했는데 영어가 능숙하지도 않은 그는 아마 현지에서 영어를 배워가며 수업을 들으면서 고군분투했을 것이다.

양조장에 견습생으로 들어갔다고 해서 곧바로 제조법을 가르쳐주는 것은 아니다. 그래서 다케츠루는 사정사정하여 겨우 실습할 기회를 얻었다. 위스키 양조에서 빼놓을 수 없는 증류 솥의 내부구조를 알기 위해 그는 현지 일꾼들이 싫어하는 솥 청소를 떠맡았다. 다케츠루는 청소를 하면서 증류 솥의 구조를 자세히 메모해서 귀국했다.

그러나 회사는 본격적인 몰트(Malt, 순수하게 엿기름만을 발효시켜 만든 위스키 - 옮긴이) 위스키를 제조하려는 다케츠루의 계획을 받아들이지 않았다. 경제 대공황을 맞은 때라 셋쓰 주조에는 그만한 여력이 없었기 때문이다. 그래서 다케츠루는 할 수 없이 모모

....

6. 네이슨 메이어 로스차일드(Nathan Mayer Rothschild, 1777년 9월 16일~1836년 7월 28일)는 독일계 유대인인 로스차일드 가문 출신으로 스물한 살에 맨체스터로 이주해서 직물 무역과 금융업에서 성공을 거두었다. 이후 런던으로 옮겨 로스차일드 재벌을 이루었다.

7. 다케츠루 마사다카(竹鶴政孝, 1894년 6월 20일~1979년 8월 29일)는 히로시마 현 다케하라(竹原) 시 출신의 위스키 제조자로 니카(ニッカ) 위스키의 창업자이다. 품질을 중시하며 일본 양주업계를 이끌었다.

야마 중학교(桃山中学校, 현 모모야마 고등학교-옮긴이)의 화학 선생이 되었다.

그러나 뜻이 있으면 길이 있는 법이다. 1929년에 다케츠루는 고토부키야(寿屋, 현 산토리)에 초빙되어 야마자키山崎 증류소를 세우고 초대 공장장이 되었다. 그는 1934년에 독립해서 홋카이도로 옮겨 애초에 목표로 하던 순도 높은 위스키의 양조에 착수하는데, 이것이 바로 니카이다. 그리고 현재 니카 위스키는 다케츠루의 이름을 딴 브랜드 '다카츠루' 등으로 세계적인 명성을 얻고 있다. 다케츠루가 몸으로 배운 양조 기술이 일본의 양주 주조에 새로운 길을 개척한 것이다.

정보를 수집하라

① 당신은 신문이나 잡지를 읽은 뒤 유익한 기사를 모아두는가?
② 당신은 자신에게 중요하다고 여겨지는 사항을 노트에 적고 있는가?
③ 당신은 자신이 알고 있는 지식이나 기술을 다른 사람에게 알기 쉽게 설명할 수 있는가?

이상 세 가지를 실험해보라. 자신이 얼마나 정보에 가까이 있는지, 성공에 얼마나 다가가고 있는지 알 수 있을 것이다.

의문이 사람을 지혜롭게 한다.

사무엘 우케다Samuel Ukeda

질문하라, 그리고 배워라

만약 당신이 사회에서 크게 활약하기를 바라고 있다면 이는 인간으로서 지극히 당연한 생각이다. 누구나 그러한 욕망을 마음속 깊이 간직하고 살아간다. 더 나은 사람, 더 인정받는 사람이 되고 싶다는 욕망. 그런데 어쩌면 당신은 자신은 사회에서 활약할 만한 능력이 없다고 스스로를 과소평가하고 있을지도 모른다. 성공하고 싶다는 열망과 무능력하다는 자격지심 사이에서 위태로운 줄타기를 하고 있을지도 모른다.

만약 그렇다면 과감하게 생각을 바꿔보지 않겠는가? 나는 사실 개개의 인간이 갖고 있는 능력에는 그리 큰 차이가 없다고 생각한다. 학교 교육을 많이 받았다고 해서, 자격증이 많다고 해서, 성적이 좋다고 해서 반드시 남보다 지혜로운 것은 아니다.

늦었다고 생각하지 마라 _ 후쿠자와 유키치

막부(幕府, 1192년에서 1868년까지 일본을 통치한 쇼군의 정부 – 옮긴이) 말기부터 메이지 시대에 걸쳐 일본의 근대화에 큰 영향을 미친 후쿠자와 유키치[1]를 예로 들어보자. 후쿠자와는 자신의 저서

『후쿠오지덴福翁自伝』에서 "나는 책 읽기도 싫어했고 글쓰기 공부도 하지 않았다. 하지만 열네다섯 살쯤에 친구들은 모두 책을 읽는데 나 혼자만 읽지 않는 것이 부끄러워졌다. 그래서 시골 학교에 다니기로 마음먹었다"라고 썼다.

"그리고 혼자서 역사서인 중국의 『사기史記』를 비롯해 『전후한서(前後漢書, 중국 전후 한기에 대해 쓴 역사서-옮긴이)』와 『진서(晋書, 중국 진대의 역사서-옮긴이)』, 『오대사(五大史, 중국의 사서-옮긴이)』를 읽었다. 『춘추좌씨전(春秋左氏傳, 중국 춘추시대 노나라의 태사인 좌구명이 공자의 『춘추春秋』를 풀이한 책-옮긴이)』 전15권은 전부 통독했을 뿐 아니라 열한 번이나 반복해서 읽었고 재미있는 곳은 암기했다."

후쿠자와가 나가사키長崎로 가서 난학(蘭學, 네덜란드를 비롯한 서양의 학문-옮긴이)을 배우기 시작한 것은 1854년, 열아홉 살 때의 일이었다. 그 이듬해부터 후쿠자와는 오사카의 의사였던 오가타 고안[2]이 세운 학교에서 네덜란드어를 배우기 시작했다. 후쿠자와가 영어를 처음 접한 것은 에도(江戸, 도쿄의 옛 이름-옮긴이)로 옮겨간 1859년의 일이다. 개항한 지 얼마 안 된 요코하마橫浜의 외국인 거류지를 구경하러 갔던 후쿠자와는 네덜란드어가 도움이 되지 않자 곧바로 영어를 공부하기 시작했다.

영어 실력이 뛰어난 건 아니었지만 1860년 1월 후쿠자와는 견미사절단을 수행한 간린마루[3]의 함장인 기무라 세쓰노카미木村

摂津守의 시종으로 샌프란시스코로 떠나게 되었다. 이 항해에 동행했던 존 만지로[4]로부터 후쿠자와는 미국과 영어에 관한 많은 지식을 얻었다. 이것이 후일 후쿠자와가 서양 전문가로서 활약하게 된 계기이다.

아마도 후쿠자와를 사회로 나아가게 한 동기는 남보다 늦게 시작한 만큼 남이 모르는 지식을 습득해서 그것을 자신의 무기로 삼으려는 경쟁심이었을 것이다. 바로 이것이 미지의 세계에 대한 후쿠자와의 호기심에 부채질을 한 것이다. 자신이 모른다는 것을 부끄러워하고, 지금보다 더 나은 사람이 되고자 하는 향상심을 가지고 있다면 사람은 그때가 언제든 발전해나갈 수 있다. 우리 안에는 스스로조차 잘 알지 못하는 무궁한 잠재력이 있기 때문이다.

늦었다는 자각이 있다는 것만으로도 이는 더 힘을 내서 움직일

....
1. 후쿠자와 유키치(福沢諭吉, 1835년 1월 10일~1901년 2월 3일)는 막부 말기부터 메이지 시대에 걸쳐 활약한 학자이며 사상가이다. 신문 《시사신보(時事新報)》를 창간했고 게이오기주쿠 대학의 전신인 난학학원을 설립했다.
2. 오가타 고안(緒方洪庵, 1810년 8월 13일~1863년 7월 25일)은 막부 말기의 의사이며 서양학자이다. 오사카에 학교를 세우고 후쿠자와 유키치와 같은 인재를 양성했다. 일본 근대 의학의 발전에 기여했다.
3. 간린마루(咸臨丸)는 막부 말기에 에도 막부가 보유했던 군함으로, 태평양을 최초로 항해했다.
4. 존 만지로(ジョン万次郎, 1827년 1월 27일~1898년 11월 12일)의 본명은 나카하마 만지로(中濱 萬次郎)이다. 도사(土佐)의 어부였는데 조난을 당한 뒤 미국 포경선에 구조되어 미국으로 건너갔다. 미국에서 영어·수학·측량·행해술·조선 기술 등을 배워 귀국 후 미일친화조약의 체결에 노력했다.

수 있는 원동력이 된다. 늦었다고 그냥 그 자리에 머물 생각은 하지 마라. 시작하기에 늦은 때는 결코 없다. 시작하기 가장 좋은 때는 바로 '지금'이다.

과신하지 말고 자신을 의심하는 겸허함을 갖춰라
_ 로버트 프랭스턴

새로운 것을 알고 싶다는 호기심이 사람을 새로운 분야로 이끈다. 그런데 새로운 것을 안다고 해서 사람이 현명해질까? 꼭 그렇지만은 않다. 만약 새로운 지식이나 새로운 정보의 양이 사람을 현명하게 한다면 신문사나 통신사가 가장 현명한 존재라는 말이 된다. 인간의 능력은 많은 지식이나 정보를 가졌다고 해서 성장하지 않는다.

중요한 것은 지식과 정보를 사용하는 능력, 즉 현명함이다. 이는 무엇을 배웠는가가 아니라 문제와 과제에 직면했을 때 지식을 어떻게 사용하는가 하는 주체적인 실천 능력이다. 아무리 많은 것을 알고 있다고 해도 막상 눈앞에 닥친 문제를 해결하는 데 주체적으로 활용할 수 없다면 그것은 죽은 지식이나 마찬가지이다. 이 점에 대해 유대인 사회는 어떻게 하면 아이나 동료가 현명해질 수 있을지 깊은 관심을 기울였다.

16세기 팔레스타인 북부 도시 제파트Zefat에서 유대 학원을 운영한 사무엘 우케다는 "의문이 사람을 지혜롭게 한다"고 말하며 어떤 일에나 의문을 갖도록 권장했다. 또한 기원전 1세기의 『마카베오서Books of Maccabees』는 "질문하라, 그리고 배워라"라고 가르치고 있다. 19세기의 아이작 바이즈[5] 역시 같은 맥락에서 "유익한 의문을 가졌던 덕분에 인류는 진보할 수 있었다"고 말했다. 스스로 묻고 길을 발견하려 노력할 때 주체적 능력이 생겨난다.

여기 유익한 질문 하나로 성공을 거둔 젊은이들이 있다. 1979년 세계 최초로 개인 컴퓨터용 표계산 소프트웨어인 '비지캘크VisiCalC'를 개발한 대니얼 브리클린[6]과 그의 친구 로버트 프랭스턴[7]이다. 이후 비지캘크를 토대로 다양한 표계산 소프트웨어가 개발되었고 오늘날에는 전 세계 사용자가 그 혜택을 누리고 있다.

브리클린은 하버드 대학원생이었던 당시 대형 컴퓨터에서 사용하던 복잡한 재정 예측 계산 프로그램을 소형 컴퓨터로도 사용할 수 있게 되면 교수와 학생에게 많은 도움이 될 것이라 생각했다.

....

5. 아이작 마이어 바이즈(Isaac Mayer Wise, 1819년 3월 29일~1900년 3월 26일)는 체코 출신의 유대인으로, 미국 유대교 개혁파의 랍비이다.
6. 대니얼 브리클린(Daniel Bricklin, 1951년 7월 16일~)은 미국 필라델피아 출신으로 '표계산(스프레드시트)의 아버지'라 불린다. 매사추세츠 공과대학을 거쳐 하버드 경영대학원에 입학했다. 졸업 후 1979년에 '소프트웨어 아츠(Software Arts)'를 설립해서 표계산 소프트인 비지캘크를 판매했다.
7. 로버트 프랭스턴(Robert M. Frankston, 1949년 6월 14일~)은 뉴욕 출신의 컴퓨터 프로그래머이다. 매사추세츠 공과대학 시절의 친구인 브리클린과 함께 스프레드시트를 개발해 소프트웨어 아츠를 설립했다. 1985년에 소프트웨어 아츠가 로터스에 매수된 뒤에 5년 동안 근무하다가 마이크로소프트로 옮겨 5년간 근무했다.

아주 유익한 발상이었다. 그런데 생산학 교수는 브리클린의 생각에 찬성했지만 재정학 교수는 굳이 그럴 필요가 없다며 부정적인 반응을 보였다. 그러나 브리클린과 프랭스턴은 자신들의 생각을 완전히 폐기하지 않았다. 대신 하드웨어 자체를 만드는 것이 아니라 '애플II'를 사용해서 표계산 소프트웨어를 개발하기로 했다.

소형 컴퓨터를 만들겠다는 애초의 생각을 고집했더라면 지금의 성공은 결코 찾아오지 않았을 것이다. 프랭크스턴은 이때를 회상하며 다음과 같은 말을 했다.

"자신이 뭐든지 다 알고 있다는 생각은 버려라. 가정을 의심하는 습관을 익히고 나아가 어떤 일을 할 때는 자신이 틀렸을지도 모른다고 가정하고 자신을 의심하는 겸허함을 갖추어라."

현재의 나와 결별하라 _ 커크 더글러스

영화배우인 커크 더글러스[8]의 본명은 이수르 다니엘로비치Issur Danielovitch이다. 그는 러시아에서 미국으로 이주한 가난한 유대인 가정에서 태어났다. 더글러스는 어린 시절부터 아르바이트를 해서 집안의 생계를 도왔는데 제분공장 직공, 신문 배달 등 안 해본 일이 없을 정도라고 한다. 소년 시절 더글러스가 학교에서 돌아오면 어머니인 브라이나는 항상 "오늘은 학교에서 좋은 질문을 했느냐?"라고 물었다고 한다. 그는 어머니의 가르침을 따라 자신의 현실에 끊임없이 질문을 던지며 한 뼘씩 성장해나갔다.

더글러스에게는 여섯 명의 형제자매가 있었는데, 그는 늘 왜 자기 집은 가난한지 고민했다. 더글러스는 무엇보다도 가난이 싫었고 또한 유대인이기 때문에 가난하다고 생각했다. 그래서 더글러스는 가난에서 벗어나기 위해 유대인이기를 포기할 결심을 하고 세인트로렌스 대학에 진학했다. 빌린 학비를 갚기 위해 더글러스는 사람들이 싫어하는 정원사, 청소부 등으로 일했다. 또한 레슬링을 잘했기 때문에 레슬러로 활동해서 학비를 벌었다.

대학을 졸업한 뒤 연극배우가 되기로 결심한 더글러스는 뉴욕의 배우 양성소에 입학했다. 브로드웨이의 첫 무대에서 맡은 역할은 전보 배달부였다. 그 후 1946년부터 영화 분야에서 활약하게 되면서 더글러스는 강한 남자의 역할을 주로 맡았는데 이는 자신의 성격을 바꾸기 위한 것이기도 했다.

더글러스는 1991년에 헬리콥터에서 추락했는데 기적적으로 목숨을 구했다. 이 사건으로 더글러스는 '유대인이라는 자각'에 대한 끊임없는 내면의 갈등이 자신을 지탱해왔다는 사실을 깨달았다. 그는 유대인이었기 때문에 더욱더 자신을 뛰어넘기 위해 노력했으며 더 나은 삶을 열망했던 것이다. 노년에 이른 지금은 동포를

....

8. 커크 더글러스(Kirk Douglas, 1916년 12월 9일~)는 뉴욕 출신의 배우이다. 연극배우로 데뷔한 뒤 할리우드로 옮겨 1949년에 영화 〈챔피언(champion)〉으로 아카데미 남우주연상 후보에 올랐다. 〈스파르타쿠스(Spartacus)〉 등 수많은 영화에 출연했다. 배우인 마이클 더글러스(Michael Douglas)가 그의 아들이다.

지원하는 다양한 활동에 적극적으로 참여하고 있다.

자기 자신의 불행한 생활과 차별에 대한 의문은 의외로 자신을 풍요롭게 하는 계기가 될 수도 있다. 다만 그것은 현재의 상황과 결별하고 다른 목표를 향해 나아가게 하는 행동과 하나가 될 때 비로소 결실을 맺을 수 있다.

어떤 일에 의문을 갖고 질문하는가?

① 한 주간을 돌아보고 어떤 일에 의문을 느꼈는지 생각해보라.
② 가족이나 친구에게 어떤 질문을 했는가?

아무런 의문 없는 나날은 아무런 의미 없는 인생을 만든다. 지금 자신이 서 있는 그 자리에서 질문하라. 더 나은 삶을 살기 위해 무엇이 필요한지, 무엇을 해야 하는지 묻고 또 물어라.

새장 속의 새는 말한다.
'당신은 내 먹이가 충분한지 살피지만
내가 갇힌 몸이라는 사실은 돌아보지 않는다.'

『전도서』 '라바' 12

사회가 필요로 하는 것을 살펴라

내가 이른바 사회인이 된 것은 서른다섯 살 때부터이다. 보통 사람들보다 한참 늦은 출발이었다. 더구나 내 생활의 장은 사회라고 하기에는 약간 특수한 세계였다. 나는 스물한 살에 구마모토 대학을 휴학하고 이스라엘로 유학을 떠나서 4년 뒤에 히브리 대학을 졸업하고 귀국했다. 그리고 스물여덟 살에 또 다시 미국 유학길에 올랐다.

일본에 머물던 3년 동안에는 부친이 창시한 기독교 운동의 사무국에서 근무했다. 종교단체에서의 활동은 일반적인 사회생활과는 달랐다. 기본적으로 매일 24시간 봉사했으며 휴일이나 휴가도 없었다. 게다가 노동의 대가로 급여를 받는 것이 아니라 신자들의 희사¹를 재분배한 것으로 생활비를 충당해야 했다. 말하자면 은혜를 입은 것이다.

이스라엘에서 유학 생활을 하는 처음 1년 동안은 아르바이트를 해서 번 돈으로 생활했지만 2년째부터는 다행히 이스라엘 정부의

....
1. 희사(喜捨)란, 자청해서 절이나 교회에 헌금을 하거나 가난한 이에게 베푸는 것을 의미한다.

장학금을 받게 되어서 생활비 걱정을 덜 수 있었다. 미국 유학 때는 처음 2년 동안은 장학금을 받아 생활했고 부족한 부분은 아르바이트로 충당했다. 그러나 3년째부터는 사실상 장학금을 받지 못해 순전히 아르바이트로 생활을 꾸려나갔다. 매일매일 공부와 생계 사이에서 힘겹게 균형을 맞춰가야 했다.

나는 각지의 유대인 커뮤니티에서 일본인과 유대인 사상의 차이 등에 관한 강연을 하거나 대학에서 강사 일을 하여 생활비를 벌었다. 그 당시 내 머릿속에서는 공부를 열심히 하는 것보다 어떻게 하면 생활비를 벌 수 있을까가 늘 더 중요한 문제였다. 생활은 상상했던 것보다 무겁고 힘겨운 것이다.

학위를 따고 서른다섯 살에 귀국해서 비로소 나는 일본 사회에 들어가 사회인이 되었다. 이에 관해서는 이미 프롤로그를 비롯한 여러 부분에서 언급한 바 있다. 내게 있어 '사회생활'이란, 일을 해서 생활비를 버는 것이 목적인 각종 활동을 의미한다.

자신을 늘 새롭게 하라

많은 사람들이 사회생활을 하지만, 그 의미에 대해 생각하는 사람은 그리 많지 않다. 사회생활이란 생활비를 벌 목적으로 사회 구성원에게 필요한 일이나 서비스를 제공하고 '감사하다'는 말을 들으며 보수를 받아 생활하는 것이다.

사회인이 되고 나서 내가 뼈저리게 느낀 것은 돈을 번다는 것이 얼마나 힘든 일인가 하는 것이었다. 돈을 번다는 것은 사회가 필요로 하는 일을 하고 그 대가를 받는 것이다. 조금 더 직설적으로 말하면 고객이나 회사가 필요로 하는 일, 나아가서는 그 일의 완성도 혹은 일의 질이 고객이나 회사의 마음에 들어야만 비로소 보수를 받을 수 있다.

그러므로 '나는 어떤 일을 했다'는 자기 보고만으로는 불충분하다. 고객이나 회사가 자신이 한 일의 완성도를 어떻게 평가하는지가 중요하다. 스스로 만족할 만한 결과물이어야 하고 타인에게도 인정을 받을 수 있어야 비로소 '일을 했다'고 말할 수 있다. 일의 완성도 혹은 질을 향상시키려면 먼저 자신이 한 일을 스스로 비평할 수 있어야 한다. 나아가 남의 비평 또는 비판을 받고 받아들이는 것이 중요하다.

좋은 일을 하려면 늘 자신을 새롭게 해야 한다. 다시 말해 매너리즘에 빠지지 않아야 한다. 매너리즘에 빠지지 않으려면 사회를 다양한 각도에서 살펴보는 습관을 갖는 것이 좋다. 가깝게는 신문이나 지하철 광고에 실린 주간지의 제목을 훑어보는 것도 한 방법이다.

각종 잡지의 표제를 보는 것만으로도 매스컴이 어떤 일을 화제로 삼고 있는지 대충 알 수 있다. 나아가 여러 종류의 신문을 비교해가며 읽으면 미디어가 무엇을 문제시하고 있는지 대략 파악할 수 있다.

나는 백화점이나 대형 슈퍼마켓의 매장을 다니며 구경하는 것을 좋아하는데 그렇게 하면 유행이나 상품의 가격 변동을 알 수 있다. 특히 식품 매장을 돌아보면 소비 행태의 기준을 깨달을 수 있다. 그래서 다른 지역으로 출장을 가면 반드시 그 지역의 식품 매장을 둘러본다.

상대방의 입장에서 생각하라

유대 고전인 『전도서』 '라바'에 나오는 다음 구절을 나는 굉장히 좋아한다.

"새장 속의 새는 말한다. '당신은 내 먹이가 충분한지 살피지만 내가 갇힌 몸이라는 사실은 돌아보지 않는다.'"

사람은 작은 새를 예뻐하며 돌볼 때 배가 고프지는 않은지, 먹이가 부족하지는 않은지, 새장의 상태는 청결한지 살핀다. 그러나 작은 새가 새장이라는 자유롭지 않은 환경에 갇혀 있다는 사실을 이상하게 여기지는 않는다.

이렇게 사람은 자기중심적인 시선으로만 사물을 본다. 작은 새라고 해서 어찌 자유롭게 하늘을 날고 싶지 않겠는가? 그러나 사람은 작은 새의 입장에서 생각하려 하지 않는다.

사회에 나가서도 마찬가지다. 우리는 상대방의 입장에서 바라보는 시선을 놓치기 쉽다. 다시 말해 사회생활을 할 때는 상대방의 입장에서 생각하지 않으면 보이지 않는 문제점이 종종 있는데 이 점을 깨닫지 못하면 올바른 해결책을 제시할 수 없다.

예를 들어 눈앞에 노숙자가 있다고 하자. 당연히 당신은 그 사람을 가엾게 생각할 것이다. 그러나 당신이 그 노숙자에게 음식물을 나눠주거나 혹은 돈을 조금 준다고 해서 노숙자의 문제가 해결되겠는가? 지금 잠시는 그럴 수 있어도 아마 그 사람의 생활은 조금도 나아지지 않을 것이다.

그 생활에서 벗어나려면 더 근본적인 해결책이 필요하다. 여기에는 사회 전체가 생각해야 할 과제도 존재한다. 경우에 따라서는 그 노숙자에게 생활할 곳을 제공해도 당사자가 그것을 원하지 않는 복잡한 상황도 발생할 수 있다.

그러나 당신을 포함해서 사회 전체의 구성원이 서로 도우려는 마음을 갖는다면 이는 매우 의미 있는 일이다. 그리고 모두가 자립해서 생활할 수 있도록 사회 전체의 구조를 개선하고 생활 수단의 기회를 제공하는 장을 창출할 필요가 있다. 과격한 발상인지도 모르지만 사회 전체가 생활수준을 낮춰 모두의 수입을 보장할 수 있도록 제도를 고치는 것도 하나의 대책일 수 있다. 타인의 시각에서 생각하면 전혀 예상치 않았던 문제점을 발견할 수 있을뿐더러 색다른 해결책까지도 찾아낼 수 있다. 나의 관점에서 벗어나 타인의 관점으로 세상을 한번 바라보라.

원하던 직업이 아니더라도 일단 뛰어들어라

모두가 일을 해서 생활비를 벌 수 있는 환경을 만드는 것은 국가적 차원의 문제이며 정치적 과제이기도 하다. 그와 동시에 각자가 일의 좋고 나쁨을 따지기 전에 일단 어떤 일이라도 하려는 자세에서 시작하지 않으면 자립은 영영 불가능한 일이 되고 만다.

원하던 직업이 아니더라도 일단 그 일을 시작해보면 그곳에서 새로운 기회를 발견할 수 있다. 예를 들어 나는 미국 유학에서 돌아왔을 때 대학에서 유대학을 가르치고 싶었다. 그러나 당시 일본에는 유대학 강좌를 개설한 대학이 단 한 군데도 없었다. 뿐만 아니라 오일 쇼크 후의 일본은 아랍 각국에만 신경 쓰느라 아랍의 적인 유대에 관한 학문인 유대학을 경시했다.

하는 수 없이 행상에 나선 나를 뜻밖의 컨설팅 회사에서 채용해주었다. 그리고 컨설팅 회사에서 일한 덕분에 일본 기업의 여러 가지 내부 문제를 알 수 있었다. 경제학과 경영학 등에 대한 지견도 습득할 수 있었고 나아가 산업 기술의 동향에 대한 흥미도 갖게 되었다.

또한 일반 기업에서 일하는 사람들과 교류하게 된 덕택에 그들이 유대인에 대해 올바르게 이해하고 싶어한다는 사실도 알게 되었다. 그래서 유대인의 생활 사상과 경제관에 관한 책을 쓰기 시작했다. 회사 일이 바빴기 때문에 통근 시간을 이용하거나 남보다 일찍 출근해서 원고를 썼다.

주변을 한번 돌아보라. 분명 당신이 활약할 수 있는 장을 발견할 수 있을 것이다. 비록 당장은 바라던 직업이나 일이 아니라 해도 일단 거기에 뛰어들어보라. 새로운 기회가 당신을 기다리고 있을 것이다. 그 기회를 잡기 위해 사회가 무엇을 필요로 하는지 끊임없이 관찰하라.

권력자와 가까이 하면 사람들이
당신에게 머리를 숙일 것이다.
따뜻한 사람과 가까이 하면 당신도
따뜻해질 것이다.

『전도서』 '라바' 16·5

가르치지 말고 스스로 깨닫게 하라

사회생활이란 많은 사람이 모이거나 또는 드나들면서 이루어진다. 그러므로 그곳에는 당연히 전체의 질서를 유지하기 위한 일정한 지휘명령 계통이 존재한다. 당신과 친구 네다섯 명이 모여서 어떤 일을 할 때도 틀림없이 누군가 리더십을 발휘하게 될 것이다. 그리고 그 리더를 중심으로 자연스럽게 역할 분담이 이루어진다.

집단이 크면 클수록 지휘명령과 조정 기능이 필요해진다. 그리고 집단이 조직화되고, 중심적인 리더의 지휘가 명령이 되면서 마침내 리더십은 권력으로 커져간다. 사회생활을 한다는 것은 좋든 싫든 필연적으로 그러한 지휘명령 체계에 속한다는 것을 의미한다.

뿐만 아니라 사회생활을 하다 보면 늦건 빠르건 세 가지 선택에 직면하게 된다. 지휘명령의 권력에 복종하거나 혹은 지휘명령권을 쥐는 역할을 맡거나 아니면 지휘명령권을 쥔 권력 그룹의 일원이 되는 것이다.

가장 마음이 편한 것은 타인의 명령을 받지 않고 자신이 좋아하는 일에 전념하는 것이다. 그러나 이는 타인과 공존해야만 하는 사회생활에서는 그리 쉬운 일이 아니다.

가령 연구 개발직이라면 명령을 받는 일이 비교적 적을 것이다.

그러나 그러한 직종이라도 40대가 되면 과장 혹은 부장 등의 직위에 오르게 되고, 부하에게 수시로 명령을 내리면서 부서를 통괄하는 자리에 앉게 되는 것이 사회의 관례이다. 그리고 연구와 관리직이라는 두 가지 역할 사이에 끼여 꼼짝 못하게 된다. 그렇게 되면 굉장히 성실하고 유능한 연구자일수록 내면의 갈등을 겪고 고통에 빠지기 쉽다. 타인을 감독하거나 타인에게 명령을 내리는 것이 서툴기 때문이다.

정확하고 폭넓은 지식을 쌓아라

대기업이나 관청 등에서는 빨리 승진해서 출세가도를 달리고 싶어하는 이른바 권력 지향형의 사람도 있다. 그러나 출세에 급급하다 보면 의외로 자신이 무엇을 실현하고, 구체화하고 싶은지 잘 모른 채 지나치는 경우가 많다. 그런 인물이 기업의 최고 자리에 오르면 그 기업은 곧바로 활력을 잃고 실적도 빠르게 저하된다.

한 기업을 예로 들면, 그 기업은 한창 상승세를 구가하던 중이었는데 사장이 바뀌면서 급격하게 실적 부진을 겪었다. 신임 사장은 자신이 전무였을 때 경영을 공부하지 않고 출세에만 몰두했다. 그런데 정작 사장의 자리에 오르자 격무에 시달려 공부는커녕 신문조차 제대로 읽을 수 없게 돼버렸다. 그러다 보니 얕은 지식으로 즉흥적인 경영 방침을 내세워 실패를 하고 만 것이다.

영국 노동당의 간부였던 마이클 풋[1]이 다음과 같은 말을 했다.

"권력자는 독서할 시간조차 없다. 그러나 독서하지 않는 자는 권력에 적합하지 않다."

이것이 바로 위에서 언급한 사장이 겪은 비극의 발단이다. 만약 당신이 권력자가 되기를 희망한다면 적어도 공사다망하지 않은 지금 많은 책을 읽어둬라. 특히 고전과 전문서가 유익하다.

포병사관학교를 1년밖에 다니지 못한 나폴레옹이 후일 위대한 영웅이 된 것은 사관생도 시절에 맹렬하게 고전을 공부했기 때문이다. 게다가 책을 읽기만 하고 만 것이 아니라 자신이 느낀 점과 얻은 점을 꼼꼼히 기록했다는 점을 기억하라.

따뜻함을 갖춘 리더가 되라

나폴레옹이 두각을 나타내며 본격적으로 영웅 대접을 받게 것은 프랑스 혁명의 거물이며 국민공회 군사령관이었던 폴 바라스[2]의 부관이 되어 1795년 왕당파의 방데미에르 반란[3]을 진압하

----

1. 마이클 풋(Michael Mackintosh Foot, 1913년 7월 23일~2010년 3월 3일)은 영국의 저널리스트이며 정치가로 1980년부터 1983년까지 노동당 당수를 맡았다.
2. 폴 바라스(Paul Barras, 1755년 6월 30일~1829년 1월 29일)는 프랑스 혁명 때의 정치가이며 군인이다. 혁명에 가담했지만 각종 비리에 연루되어 혁명 지도자인 로베스피에르(Robespierre)의 분노를 산다. 그러자 도리어 쿠데타를 일으켜 로베스피에르를 처형했다.

고부터이다. 이후 나폴레옹은 군사 쿠데타를 일으켜 제1집정을 시작하고 마침내 황제의 자리에 올랐다.

앞서 이야기한 사장이 그 자리에 오를 수 있었던 것도 실은 오랫동안 상사로 모시던 회장의 심복으로 일했기 때문이다. 게다가 그 사장은 신입사원 시절부터 '나는 사장이 될 것'이라고 주위에 공언했다고 한다. 실제로 당초부터 그런 목표가 없었다면 권력자의 지위에 오르지 못했을 것이다.

만약 당신이 권력자가 되고 싶다면 유대의 고전『전도서』'라바'의 가르침처럼 권력자와 가까이 하라. 그러면 당신 또한 권력자가 될 가능성이 크고 사람들은 당신에게 머리를 숙일 것이다. 그러나 권력만을 좇는 사람은 금방 잊히게 마련이다. 사람의 기억에 오래도록 남는 것은 마음이 따뜻한 사람이다.『전도서』'라바'는 이렇게 말한다.

'따뜻한 사람과 가까이 하라, 그러면 당신도 따뜻해질 것이다.'

그 대표적인 예가 요네자와(米沢, 현재의 야마가타山形 현) 영주였던 우에스기 요잔[4]이다. 우에스기가 통치했던 요네자와 사람들은 지금까지도 그를 숭앙한다. 뿐만 아니라 많은 일본 정치가가 이상적인 지도자로 우에스기를 꼽고 있다.

우에스기가 규슈 다카나베高鍋 영주의 양자로 들어가 열여섯 살에 요네자와의 영주가 되었을 때 영지의 재정은 엉망이었다. 빚이 3만 9,995냥에 달했고 누적된 적자는 2만 8,255냥이나 되는 비참한 상황이었다.

열여섯 살이면 아직 소년이다. 그러나 우에스기는 영주에 취임하자마자 백성을 돌보고 사치와 낭비를 줄이며 말과 행동을 일치시키겠다고 신에게 맹세했다. 그리고 자신이 살던 저택의 살림살이에 드는 연간 비용을 1,500냥에서 209냥으로 줄였다. 부리던 여종을 50명에서 아홉 명으로 줄이고, 국과 반찬 한 가지만 가지고 밥을 먹었으며 옷은 면으로만 지어 입었다. 우에스기는 나이 들어서도 검소한 생활을 계속 실천했고 마침내 영지의 재정적 기반을 확립했다. 우에스기는 자신에게는 엄격했지만 백성에게만큼은 늘 따뜻하고 자비로웠다. 백성에게 부담을 주지 않으려고 노력했고 마을 사람들에게는 상호조합을 조직하도록 했다. 사재를 털어 의학교를 개설하고 서양 의학도 도입했다.

권력욕도 욕망의 하나이다. 그러므로 권력을 쟁취해서 사회와 사람들을 위해 쓰기 바란다. 그러나 심리학자인 에리히 프롬[5]이

....
3. 방데미에르(Vendémiaire) 반란은 바라스 등이 쿠데타를 일으켜 부패를 일삼자 1795년 10월 5일에 일어난 민중 폭동이다. 당시 국내 총사령관이었던 바라스가 부관인 나폴레옹에게 명해 진압했다.
4. 우에스기 요잔(上杉鷹山, 1751년 9월 9일~1822년 4월 2일)은 요네자와의 제9대 영주인 우에스기 하루노리(上杉治憲)를 가리킨다. 에도 시대 중기의 무사로 영지 반환 직전까지 몰렸던 위기를 개혁을 통해 재건한 명군이다.
5. 에리히 프롬(Erich Seligmann Fromm, 1900년 3월 23일~1980년 3월 18일)은 독일의 사회심리학자이자 정신분석학자이다. 정통파 유대교인 부모에게서 태어나 하이델베르크 대학에서 공부했다. 나치 정권 시절에 미국으로 이주해서 컬럼비아 대학 등의 교수가 되었다.

지적한 대로 '권력을 절실히 원하는 것은 스스로 강하기 때문이 아니라 약하기 때문'이라면 문제가 될 수밖에 없다. 권력의 남용이나 횡포가 일어날 수 있기 때문이다.

4세기 바빌로니아에서 활약한 유대인 교사인 나흐만 벤 야콥 Nachman Ben Jacob은 지도자가 되고 싶어하는 젊은이에게 이렇게 충고한다.

"리더는 먼저 커뮤니티의 존경을 얻어야 한다."

말하자면 자신이 속해 있는 그룹이나 지역 사람들의 존경을 얻어야 한다는 말이다. 리더가 먼저 동료를 존경할 때 비로소 동료의 존경을 받을 수 있다.

만약 당신이 자신은 원하지 않았는데도 불구하고 회사에서 관리직에 임명되어 고민하고 있다면 한 가지 조언을 하겠다. 억지로 부하직원들을 끌고 가려 하지 말고 어떻게 하면 각 구성원이 자신을 잘 따라줄지 함께 의견을 나누어보라. 그리고 만약 어떤 부하직원의 능력이 성장하지 않는다면 이것저것 가르치기보다는 누구를 목표로 삼아 기술을 습득하면 좋을지 살짝 깨닫게 해주는 것이 좋다. 따뜻함은 햇살처럼 자신과 타인을 성장시킨다.

만약 리더가 된다면?

① 만약 당신이 지금 살고 있는 지역에서 정치적인 권력을 갖게 된다면, 이를테면 동장, 시장, 지사가 된다면 무엇을 실현하고 싶은가? 사람들의 생활을 풍요롭게 하고 싶다거나 안심할 수 있는 사회를 만들고 싶다는 등의 추상적인 내용이 아니라 실행하고 싶은 목표를 구체적으로 들어보라.

② 만약 당신이 지금 근무하고 있는 회사나 단체에서 부장 혹은 과장이 된다면 어떤 일을 실현하고 싶은가?

부지런한 자의 경영은 풍부함에 이를 것이나
조급한 자는 궁핍함에 이를 따름이니라.

「잠언」 21장 5절

타인의 말에 귀를 기울여라

인생이란 종종 생각한 대로 흘러가지 않는다. 종종이 아니라 거의 매순간 의도대로 흘러가지 않는 것이 인생인지도 모른다. 그러나 모든 일이 생각처럼 되지 않고, 길도 열리지 않아 어쩔 수 없이 머물게 된 장소나 환경이 때로는 자신의 전문 분야가 되기도 한다.

예를 들면 미국 FRB(연방준비제도이사회)의 의장, 일본으로 치자면 일본은행 총재 자리에 19년 동안이나 있었던 앨런 그린스펀은 재즈를 좋아해서 클라리넷, 색소폰, 플루트, 피아노를 배웠고 그 실력도 뛰어났다. 고교 시절부터 친구와 악단을 만들어 여름 방학이 되면 리조트의 호텔에서 연주를 하기도 했다. 고등학교를 졸업한 뒤에는 1년 동안 줄리어드[1] 음악원에서 클라리넷 연주를 배웠다.

열여덟 살이 된 1944년에 그린스펀은 징병 검사에서 결핵 진단을 받아 군대에 가지 않게 되었다. 그 당시 결핵은 불치병이었기 때문에 폐결핵에 걸렸다는 것은 인생의 낙오자라는 의미와 동일했다. 낙담해 있던 그린스펀을 격려해준 것은 그에게 색소폰을 가

....

1. 줄리어드 음악원(The Juilliard School)은 1905년 뉴욕에 설립된 세계적인 음악 대학이다. 많은 음악가를 배출했으며 무용, 연극 부문이 개설되면서 줄리어드 학원으로 명칭을 변경했다.

르쳤던 빌 샤이너Bill Shiner였다. 샤이너는 뭔가 일을 시작하라고 말하면서 헨리 제롬 악단[2]이라는 유명한 재즈 밴드를 소개해주었다. 다행히 오디션에 합격한 그린스펀은 테너 색소폰 연주자로서의 길을 걷기 시작했다.

그린스펀은 색소폰 연주자로 활약하면서 더욱 뛰어난 연주 실력을 갖추기 위해 샤이너 선생의 제자로 들어갔다. 그런데 샤이너 선생의 문하에는 자신보다 훨씬 뛰어난 제자가 있었다. 아무리 노력해도 그 사람을 뛰어넘을 수 없자 그린스펀은 자신의 연주에 한계를 느꼈다.

때마침 그때 악단이 쉬는 시간에 읽으려고 도서관에서 빌려 온 주식 시장에 관한 책이 있었다. 그 책을 읽고 금융에 대해 공부하기로 결심한 그린스펀은 인생의 방향을 180도 전환해서 1945년 가을 뉴욕 대학에 입학해 금융의 기초부터 공부하기 시작했다.

인생이 이끈 길에서 기회를 발견하라 _ 그린스펀

1948년에 대학을 졸업한 그린스펀은 월가[3]에 있는 투자고문 회사의 주식 조사부에 취직했다. 그와 동시에 야간 대학원에 진학해서 석사 과정을 수료했다. 그 후 컬럼비아 대학의 석사 과정에 진학했지만 경제적인 이유로 학업을 중단하고 경제 분석가 사무소를 열었다.

그린스펀은 분석가로서는 조용한 편으로 눈에 띄는 존재는 아니었다. 그러나 그 성실함을 높이 평가한 포드 대통령[4]이 1974년부터 1977년까지 미국 대통령 경제 자문위원회 의장으로 그린스펀을 발탁했다. 또한 그린스펀은 1982년부터 1988년까지 초당파적인 독립 조직인 외교 문제 평의회의 임원으로도 활약했다.

1987년 8월에는 레이건 대통령[5]의 지명으로 FRB 의장이 되었다. 취임하고 두 달 뒤인 10월 19일에 세계적인 금융 위기인 블랙 먼데이[6]사태가 발생했다. 그 이튿날 그린스펀은 침착한 목소리로 "FRB는 위기에 자금을 제공할 준비가 되어 있다"고 짧은 성명을 발표해서 시장의 불안을 잠재웠다. 이후 국내외의 두터운 신임을 받으며 2006년 1월에 퇴임할 때까지 5회에 걸쳐 FRB 의장을 역임하는 전대미문의 기록을 세웠다.

그린스펀은 실로 테너 색소폰처럼 달콤한 음률로 세계 경제

....
2. 헨리 제롬(Henry Jerome) 악단은 트럼펫 연주자 헨리 제롬을 리더로 하여 1940년대에 활약한 밴드이다. 재즈나 라틴 등 폭넓은 곡을 연주했다.
3. 월가(Wall street)는 뉴욕 맨해튼 남부의 거리 이름인데, 뉴욕 증권거래소 등이 위치하고 있어 미국 금융업계나 증권 시장을 가리키는 통칭이 되었다.
4. 제럴드 포드(Gerald Ford, 1913년 7월 14일~2006년 12월 26일)는 미국 제38대 대통령이다. 1974년 워터게이트 사건으로 닉슨 대통령이 사임하자 부대통령에서 승격했다.
5. 로널드 레이건(Ronald Reagan, 1911년 2월 6일~2004년 6월 5일)은 영화배우에서 정치가로 변신해서 1980년에 현직 대통령인 카터(Jimmy Carter)를 물리치고 제40대 미국 대통령이 되었다.
6. 블랙 먼데이(black monday)인 1987년 10월 19일, 뉴욕 주식시장이 역대 최대 규모로 폭락하면서 세계적인 주가 대폭락을 일으켰다. 월요일에 일어났기 때문에 블랙 먼데이라는 이름이 붙었다.

를 매혹적으로 이끌어 '금융 시장의 마에스트로'로 불렸다. 만약 1945년에 샤이너 선생 밑에 그린스펀보다 색소폰을 훨씬 잘 연주하는 천재 연주자 스탠 게츠[7]가 나타나지 않았다면 그린스펀은 그대로 재즈 세계에 남았을지도 모른다. 그러면 금융시장의 거장으로 불리는 일도 없었을 테고, 어쩌면 그린스펀처럼 훌륭하게 블랙 먼데이를 극복할 인물이 나타나지 않아 세계 경제는 더욱 어려워졌을지도 모른다.

타인의 지혜를 배우고 자신만의 방법을 찾아라 _ 야곱

인생의 장벽이 의외의 방향으로 전개된 예는 비단 그린스펀에게만 해당되지 않는다. 유대인의 먼 조상인 야곱[8]이라는 청년의 경우도 그렇다.

야곱에게는 '에서'라는 이름의 쌍둥이 형이 있었다. 야곱으로서는 아주 조금 일찍 태어났을 뿐인데 에서는 형이고 늦게 태어난 자신은 동생이라는 점이 매우 불만스러웠다.

어느 날 야곱이 죽을 끓이고 있는데 사냥에서 돌아온 에서는 배가 고프다며 야곱에게 죽을 좀 달라고 부탁했다. 그러자 야곱은 장남의 상속권과 죽을 바꾸자는 조건을 제시했고 에서는 가볍게 승낙했다. 에서로서는 장남의 권리 따위는 먹을 수 없는 종이 쪼가리에 불과했다. 에서에게는 눈에 보이지 않는 권리보다는 눈앞의 죽을 먹고 배를 채우는 것이 급했다.

그로부터 얼마 후 나이 들어 앞이 보이지 않는 부친 이삭이 에서에게 명했다.

"사냥을 해서 동물을 잡아 오너라. 그 고기를 먹여주면 너를 축복하겠다."

즉 죽기 전에 정식으로 장남으로 인정하고 장남의 상속권을 주려는 것이었다. 부친 이삭은 두 아들이 제멋대로 상속권을 교환했다는 사실을 꿈에도 몰랐다.

그러나 모친인 리브가는 이삭과 에서가 주고받는 이야기를 엿들었다. 야곱을 편애했던 리브가는 꾀를 내어 재빨리 고기 요리를 만들고 야곱에게 에서의 옷을 입혔다. 그리고 에서로 변장한 야곱에게 고기 요리를 들려 이삭에게 보냈다. 이렇게 해서 에서가 받아야 할 장남으로서의 축복과 상속권을 야곱이 가로채게 만들었다. 예나 지금이나 재산을 둘러싼 가족 간의 다툼은 인간관계를 복잡하게 만드는 모양이다.

어쨌거나 나중에 이 사실을 알게 된 에서는 불같이 화를 내며 야곱을 죽이려 했고 결국 야곱은 아버지의 재산을 상속하기는커

---

7. 스탠 게츠(Stan Getz, 1927년 2월 2일~1991년 6월 6일)는 필라델피아 빈민 지역에서 우크라이나계 유대인 이민 가정에서 태어난 색소폰 연주자이다. 열여섯 살 때부터 유명 재즈 밴드에서 색소폰 연주자로 활동했다.

8. 유대교의 시조로 일컬어지는 아브라함의 아들인 이삭의 차남이다. 「창세기」 27장부터 등장하며 '이스라엘'이라는 이름이 주어졌는데, 이스라엘이라는 국가명은 여기서 유래한다.

넝 집을 떠나 도망치는 신세가 되어버렸다. 야곱은 지팡이 하나에 의지해서 빈 몸으로 고향인 가나안(현재의 이스라엘 팔레스티나 지방)을 떠나 저 멀리 시리아 북부, 모친 리브가의 친정인 하란으로 도망쳤다.

그곳에서 야곱은 외삼촌인 라반에게 몸을 의탁하여 적은 품삯을 받으며 양치기로 일했다. 가진 것이라고는 몸뚱이밖에 없는 무일푼으로 출발한 것이었다. 하지만 그는 평생 무일푼으로 살지는 않았다. 『성경』의 「창세기」에 따르면 야곱은 20년 후 상당한 재산을 모으게 된다. 야곱은 고향인 가나안으로 귀국할 때 에서에게 580마리의 가축을 선물로 보냈다. 야곱이 소유한 가축은 모두 3~4,000마리에 달했던 것으로 추정된다.

아마도 야곱은 아무것도 없이 시작했기 때문에 오히려 두려울 것이 없었을 것이다. 야곱은 사물을 세심히 관찰하고 거기서 지혜를 얻어 어마어마한 재산을 모을 수 있었다.

『성경』의 「잠언」은 3,000년 전부터 이렇게 이야기한다.

'지혜가 제일이니 지혜를 얻으라. 무릇 너의 얻은 것을 가져 명철을 얻을지니라.' (『성경』 「잠언」 4장 7절)

이는 어떤 의미일까? '처음에는 타인이나 선생의 지혜를 배워 내 것으로 만들어라. 그러나 다양한 지혜를 습득했다면 다음은 스스로 관찰하여 새로운 방법을 찾으라'는 뜻이다.

칭찬 받았거나 비판 받은 일이 있는가?

① 당신이 만든 작품이나 당신이 참가한 프로젝트를 타인이 칭찬한 적이 있는가?
② 당신의 작품이나 당신의 일을 타인이 비판한 적이 있는가?
③ 그때 당신은 진지하게 타인의 지적을 수용하고 스스로 반성했는가?

사람의 인품은 걸음걸이, 복장,
인사법을 보면 알 수 있고
일이나 술자리, 대화를 통해 시험해볼 수 있다.

『아보트 드 랍비 나단avot de rabbi nathan』 31

기본부터 지켜라

사회생활이라는 것은 혼자서 제멋대로 할 수 있는 것이 아니므로 당연히 주변인들과의 좋은 관계가 중요하다. 기업이나 조직에서 최고 자리에까지 오른 사람을 보면 일도 잘하지만 사람을 대할 때 빈틈이 없다. 이는 동서양을 막론하고 모든 사회에서 공통된 사실이다. 하물며 혼자 사업을 시작하는 경우, 인간관계가 나쁘면 결코 성공할 수가 없다. 좋은 인간관계를 만들고 유지하려면 어떻게 해야 할까? 이는 한 번쯤 점검해볼 필요가 있는 항목이다.

인간관계가 노련하다거나 서툴다는 것은 먼저 성격적으로 사람들과 잘 어울리느냐, 혹은 사람 앞에 나서는 것을 어려워하느냐의 차이에서 비롯될 수 있다. 그러나 적극적으로 사람들과 잘 어울린다고 해서 반드시 인간관계에 노련한 것은 아니다. 또한 사람 앞에 나서는 것이 서툴다고 해서 반드시 인간관계에 서툰 것도 아니다.

적극적인 것은 좋지만 너무 적극적이어서 부담스럽다는 말을 들을 수도 있다. 스스로는 인간관계가 서툴다고 생각해도 성실한 태도 덕분에 주위 사람들에게 높은 평가를 받는 경우도 있다. 그렇다면 너무 적극적이어서 부담스러운 사람과 너무 소극적이어서 사람들 앞에 나서려 하지 않는 사람은 어떻게 다를까?

사실 어떤 의미에서는 양쪽 모두가 똑같이 자기중심적이라고 할 수 있다. 한쪽은 타인에게 기회를 주지 않고 혼자만 앞서 나가는 '자기중심형'이다. 비록 타인에게 부담을 주지 않으려는 선의에서 솔선수범한다고 해도 역시 자기중심적이라는 사실에는 변함이 없다. 혼자서 모든 일을 처리하려 하지 말고 가끔은 동료에게 중요한 역할을 맡겨보면 어떨까? 그렇게 하면 동료도 당신이 손쉽게 처리하던 일이 의외로 어렵다는 사실을 깨달을 것이다.

사람들 앞에 나서려 하지 않는 사람은 말하자면 주위 사람에게 무대를 양보하고 자신은 무대 뒤로 도망쳐 숨는 것과 같다. 이 또한 자기중심적인 행동으로, 언뜻 양보의 미덕을 발휘하는 것 같지만 사실은 타인에게 일을 떠맡기는 셈이다.

당신이 무대의 주인공 역할을 할지, 어떨지는 감독이 정할 일이다. 그러나 대사가 없는 수많은 단역이 없다면 드라마는 성립하지 않는다. 주인공을 돋보이게 하자는 마음으로 당신도 무대에 오를 마음은 없는가? 비록 대사가 없는 역할이라도 무대에 서다 보면 점점 용기가 생길 것이다.

직장에서도 구심점이 되어 활약하는 사람 곁에서 무언가 도울 일은 없는지 물어보라. 완벽하지 않으면 어떤가? 간단한 일부터 시작해보자. 간단한 일이라도 완벽하게 처리하기는 쉽지 않다. 쉬운 일부터 하나씩 처리해가는 과정에서 일을 마쳤을 때의 기쁨도 알게 될 것이다. 나아가 더 새로운 즐거움을 찾기 위해 일에 매진하게 되지 않겠는가?

여기서 잠깐 사회에서 만나게 되는 사람들의 인품을 평가하는 유대인의 일반적인 체크포인트를 소개하겠다.

유대 고전 중에 『아보트 드 랍비 나단』이라는 책이 있다. 이 책이 나온 것은 8세기경인데, 2세기부터 3세기에 활약한 유대 현인들의 어록을 담고 있다. 대부분 역사를 뛰어넘어 지금까지도 사회생활의 생생한 분위기를 우리에게 전해준다. 그중에서 현대의 우리에게도 딱 들어맞는 조언이 바로 이것이다.

'사람의 인품은 걸음걸이, 복장, 인사법을 보면 알 수 있고 일이나 술자리, 대화를 통해 시험해볼 수 있다.'

첫인상은 인격의 바로미터다

이 중에서 걸음걸이, 복장, 인사법은 첫인상에 관한 것이다. 당신도 누군가를 처음 만났을 때 이 세 가지 첫인상으로 상대의 인품을 어느 정도 판단하지 않는가? 특별히 두드러질 필요는 없지만 좋은 인상을 남긴다면 좋지 않을까?

걸음걸이는 등을 꼿꼿이 세우고 똑바른 자세로 걷는지를 봐야한다. 사람들은 의외로 자신의 뒷모습이 타인에게 어떻게 보이는지 신경 쓰지 않는다. 본인은 똑바른 자세로 당당히 걷는다고 알지만 실제로는 한쪽 어깨를 치켜 올리며 걷기도 한다. 가끔은 걸음을 멈추고 쇼윈도에 비친 자신의 모습을 점검해보도록 하자.

복장에 관해서는 반드시 새 옷이나 명품을 입으라는 뜻이 아니다. 어떤 옷을 입고 있는가보다는 어떻게 입고 있는지가 중요하다. 주위 사람에게 위화감을 주지 않는 복장이라면 일단 합격이다. 아울러 건강하고 혈색이 좋으며 상냥한 표정이라면 더욱 좋다.

인사법은 예의범절을 갖추고 서글서글한 태도를 보이면 충분하다. 동서양을 막론하고 웃는 얼굴로 "처음 뵙겠습니다, ○○입니다"라고 상대보다 먼저 인사를 하거나 악수를 청하면 싫어할 사람이 없다. 인사를 할 때는 가능한 한 올바른 자세로 또렷하게 말해야 한다. 사람을 만나러 가기기 전에 미리 연습을 해보는 것이 좋다. 다른 사람의 시선이 부담스럽다면 화장실이나 계단에서 연습하는 것도 한 방법이다. 조용한 곳에서 소리를 내기가 쑥스럽다면 건물 밖 도로나 시끄러운 곳에서 연습해도 된다.

인품을 판단하는 중요한 잣대―일, 술자리, 대화

인품은 또 일과 술자리, 대화를 통해 시험할 수 있다. 처음 만났을 때는 상대에게 좋은 인상을 주려고 평소와는 다른 모습을 보일 수 있다. 그러나 일을 하는 현장에서는 능력과 실력이 드러나게 마련이다. 사람은 일을 하면서 성장한다. 즉 일을 하면서 큰 인물이 되어가는 것이다. 일이 주는 기쁨과 슬픔, 수고 등이 반복되어 사람의 내면이 충실해지고 성장한다.

돈을 버는 것만이 일의 목적이 아니다. 돈을 받지 않으면서도 말로 표현하기 어려울 정도로 소중한 일을 하는 예도 있다. 바로 전업 주부가 그렇다. 주부가 가정에서 하는 일, 즉 양육과 가사는 매우 훌륭한 일이다. 회사에 다니는 것만이 일이라고 생각하는 사람은 육아나 가사는 상상할 수 없을 정도로 고된 노동이다. 때로는 아픈 아이를 돌보느라 밤을 새우고, 때로는 우는 아이를 달래느라 화장실에 갈 틈도 없다. 당연히 마음대로 놀러 다닐 수도 없고 휴가도 없다.

전업 주부의 일을 만만히 보며 경시하는 사람들에게 한마디 해두고 싶다. 예를 들어 한 명의 자녀를 키우는 데 들어가는 수고를 경제적 가치로 환산하면 어느 정도인지 아는가? 이는 단지 베이비시터를 고용하면 얼마가 든다거나 어린이집에 맡기는 비용이 얼마인지를 따지는 문제가 아니다.

그 아이가 성인이 되어 연봉 3,000만 원을 받으며 35년 동안 일한다고 가정하면 그 엄마는 생애 총소득 10억 5,000만 원의 프로젝트를 완수해서 세상으로 내보낸 것과 똑같은 일을 한 것이다. 15년 후에 연봉 7,000만 원의 인물이 되면 단순히 계산해봐도 총 18억 5,000만 원의 프로젝트에 맞먹는다.

이렇게 생각하면 육아라는 것은 장대한 사회 프로젝트에 종사하는 것과 마찬가지다. 그러므로 육아의 의의를 결코 가볍게 여겨서는 안 된다. 전업 주부는 밖에서 일하는 남편에게 조금도 뒤지지 않는 사회활동을 하고 있다. 또한 전업 주부의 버팀목이 되고 있다는 점에서 남편들의 사회 공헌도 회사에서 받는 급여의 액수만으로 평가해서는 안 된다.

인품을 판단하는 두 번째 잣대는 술이다. 사람은 술이 들어가면 입술이 풀리면서 평소 꺼내지 않던 본심을 드러내 보인다. 마음에 불만이 있는 사람은 무심코 불평을 늘어놓거나 타인을 신랄하게 비평하기도 한다. 술이 들어가도 자세가 흐트러지지 않도록 자중해야 한다.

굳이 술자리가 아니더라도 대화를 하다 보면 은연중에 그 사람의 인품이 드러난다. 일상적인 대화에서도 그 사람의 지식이나 견식 또는 타인에 대한 배려가 나타난다. 무뚝뚝해 보이는 사람이라도 사귀어 보면 마음이 따뜻한 사람이라거나 전문적인 기술이나 경험이 풍부한 사람이라는 사실을 알게 되기도 한다.

사회생활은 사람을 관찰하고 그 사람과 어떻게 관계를 맺어갈지 생각하는 것에서부터 시작된다. 반대로 우리도 사회라는 배에 오르는 순간 타인으로부터 관찰을 받는다. 타인과 서로 평가를 주고받는 것이 바로 사회생활이다.

만약 혼자서 요트를 타고
태평양을 횡단한다면?

① 당신이 태평양을 요트로 단독 횡단할 계획을 세웠다고 하자. 어떤
   준비가 필요할까? 당신 혼자 준비할 수 있는가?
② 만약 혼자서 준비할 수 없다면 다른 사람에게 어떻게 도움을 청하
   겠는가?
③ 그때 어떤 점에 주의해야 할까?
④ 사람을 대할 때 주의해야 할 점을 열거해보라.

네 이웃을 네 몸과 같이 사랑하라.

「레위기」 19장 18절

좋은 인연이 멋진 인생을 만든다

1953년 규슈 북부의 넓은 지역이 큰 수해를 입었던 적이 있다. 내가 살던 구마모토 시에서는 6월 26일에 네 개의 강이 범람했다. 수많은 가옥이 물에 잠겼고 우리 집도 예외가 아니어서 마룻바닥까지 물이 차 다다미와 가구가 진흙투성이가 되었다. 당시에는 물에 잠긴 가구를 버릴 생각은 꿈에도 하지 못하고 모두 물로 씻어서 말려 다시 사용했다. 그중에서도 가장 힘들었던 일은 젖은 다다미를 걷어내 말리는 동안 그 밑에 쌓인 진흙을 퍼내는 작업이었다. 집집마다 대문 앞에 퍼낸 진흙이 산을 이루고 있었다. 당시 초등학교 5학년이었던 나도 어른들을 도와 진흙을 퍼내는 작업을 했다.

3주 정도 지나자 집 주변은 어느 정도 정리가 되었다. 초등학교 남자 선생들이 중심이 되어 힘을 합쳐 정리했기 때문에 나는 더 이상 할 일이 아무것도 없었다. '초등학생인 내가 할 일은 없을까?' 생각하다가 문득 떠오른 것이 유치원이었다.

'그렇지, 유치원에 가보자. 그곳에는 여자 선생님들만 있으니까 뭔가 내가 도울 일이 있을지도 몰라.'

유치원에 가보니 때마침 진흙을 퍼내는 작업을 막 시작한 참이었다. 대학생들이 주도해서 일을 하고 있었는데 나도 유치원 졸업생이라는 자격으로 도울 수 있었다. 작업은 일주일 만에 끝이 났다. 마지막 날 인사를 하고 돌아서는데 원장 선생이 나를 불렀다.

"받아, 도와줘서 고맙다는 마음의 표시란다"라며 봉투를 건넸다. 설마 답례를 받으리라고는 생각도 못했던 나는 무척 당혹스러웠다. "좋아하는 책이라도 사렴. 일주일 동안 정말 수고했어"라는 말을 듣고 나는 굉장히 송구스러웠다. 하지만 자신이 졸업한 유치원이 말끔하게 정리되고 걸레로 닦아 깨끗해진 마룻바닥을 보며 얼마나 기뻤는지 모른다.

이는 내가 최초로 자원봉사 활동을 했던 기억이다. 자원봉사는 보수를 받으려고 하는 활동이 아니다. 그러나 자원봉사 활동에 대한 답례로 약간의 사례금이나 고맙다는 인사 등 상대로부터 감사의 마음을 받으면 굉장히 기쁘다.

1945년 말 중국의 톈진天津에서 미군 함정을 타고 일본으로 귀국할 때였다. 한 친절한 미군 병사가 나와 엄마에게 담요 두 장을 빌려주었다. 우리는 담요를 배 바닥의 철판에 깔고 이주에 걸친 고된 항해를 무사히 마칠 수 있었다. 그때의 기억이 바로 내가 타인에게 친절을 베풀어야 한다는 마음을 먹게 된 계기가 되었다.

자신을 온전히 사랑하라

『성경』에는 "네 이웃을 네 몸과 같이 사랑하라"는 가르침이 있다(「레위기」[1] 19장 18절). 이 구절은 이른바 서양 기독교 사회에서 '이웃을 사랑하라'는 가르침의 기본이 된다.

그러나 기독교 사회에서뿐 아니라 어느 사회에서나 인간은 혼자서는 살아갈 수 없다. 인간은 직간접적으로 타인의 노동력이나 만든 음식 혹은 제품 덕분에 일상생활을 영위할 수 있다. 여기에서 말하는 '이웃'이란, 단순히 옆에 있는 사람을 의미하지 않는다. 함께 행동하는 모든 사람이 이웃인 것이다. 그런 의미에서 지구상의 모든 인간을 이웃이라고 할 수 있다.

내 은사인 랍비 헤셸은 대학원 강의에서 앞서 언급한 구절에 대해 다음과 같은 말을 했다.

"'네 자신을 사랑하듯 네 이웃을 사랑하라'고 말하지만 문제는 당신이 자기 자신을 어떻게 사랑하느냐이다. 무엇보다도 자기 자신에 대해 정말로 정직하고, 자기 자신을 정말 사랑하고 소중히 여기고 있는지가 중요하다. 자기 자신을 정말로 사랑하고 있지 않다면 자신을 사랑하듯 이웃을 사랑할 수 없다. 자기중심적으로 자신을 사랑한다면 이기주의와 다를 것이 없지 않은가?"

헤셸의 이 질문은 내 마음속에 깊이 남아 이웃을 사랑하기 전에 먼저 자신을 사랑하고 올바른 생활을 하고 있는지는 스스로를

----

1. 『성경』의 '모세 5경' 중 세 번째로서, 율법이나 계율에 관한 세세한 규칙이 기록되어 있다.

돌아보게 한다.

다른 관점에서 타인을 도운 실화를 소개해본다. 쇼와 시대(昭和 時代, 히로히토 천황이 재위하던 시기인 1926~1989년-옮긴이) 초기에 어느 가난한 목사의 아들이 있었다. 아들은 아버지처럼 사람들의 마음을 위로해주는 것보다 신체의 아픔, 다시 말해 병을 치료하는 의사가 되고 싶었다. 그러나 가난한 목사 아버지의 수입으로는 아들의 바람을 들어줄 수가 없었다. 이러한 사정을 알게 된 한 젊은 관료가 목사 아들의 학비를 대겠다고 나섰다. 게다가 교토 대학 의학부의 연구실에 있는 자신의 동생에게 부탁해 교토 대학 의학부에 추천을 해주었다. 다행히 목사의 아들은 입학시험에 합격했다.

그러나 젊은 관료가 보내주는 돈만으로는 생활하기가 쉽지 않았다. 그런데 교토에서 유서 깊은 불교용품 상점을 운영하는 주인이 이 이야기를 전해 들었다. 그는 목사의 아들에게 자기 집에 와서 지내라고 말하며 모자라는 학비를 대줄 테니 자기 아들의 가정교사를 맡아달라고 했다.

목사의 아들은 학업 도중 결핵에 걸려 대학을 휴학한 적도 있었지만 이 두 사람의 도움으로 무사히 교토 대학 의학부를 졸업하고 세로카聖路加 병원의 의사가 되었다. 그가 바로 100세가 넘은 지금까지도 현역 의사로 활동하는 히노하라 시게아키[2] 선생이다.

불교용품 상점을 운영하던 나가마쓰 사지로永松佐治郎라는 사람은 훗날 가게를 정리하고 일본 미술품을 프랑스에 수출하는 무역상으로 나서 프랑스와 일본의 문화 교류에 적극적으로 공헌하기도 했다.

타인의 고통을 마치 자기 자신의 일처럼 여기며 도움의 손길을 내미는 행동에는 '자원봉사 활동을 한다'는 의식은 전혀 들어 있지 않다. 곤란을 겪고 있는 주위 사람들을 자신이 할 수 있는 만큼 도와주는 것이 바로 자원봉사의 출발점이 아니겠는가?

아울러 나가마쓰 사지로는 내 친구인 나가마쓰 미치하루永松道晴의 할아버지이다. 나가마쓰와는 한신대지진 이후에 알게 되었다. 그리고 히노하라 시게아키 선생은 내가 크게 도움을 받은 적이 있는 간호학의 권위자인 바바 마사코[3] 선생의 은사이기도 하다. 내가 이 두 사람과 히노하라 선생의 인연을 알게 된 것은 최근의 일이다.

사람은 이렇게 생각지 못한 곳에서 보이지 않는 도움을 주고받으며 살아간다. 부디 좋은 인연들에 둘러싸여 멋진 인생을 보내기 바란다.

....

2. 히노하라 시게아키(日野原重明)(1911년 10월 4일~)는 야마구치(山口) 현 출신의 의사로 세로카 국제병원 이사장, 명예원장 등을 역임했다. 1995년 지하철 사린가스 사건이 발생했을 때 피해자를 무제한으로 받아들여 희생자를 최소화하는 데 기여했다.
3. 바바 마사코(馬場昌子)는 아이치(愛知) 의과대학 명예교수로서 임상간호학, 특히 터미널 케어(terminal care, 말기암 환자 등 치유 가능성이 없는 환자를 돌보는 것 – 옮긴이)의 권위자이다.

제4부

더 넓은 세상을 바라보라

형통한 날에는 기뻐하고,
곤고한 날에는 되돌아보며
하나님이 이 두 가지를 함께
창조하셨음을 생각하라.

『전도서』 7장 14절

살아 있음에 감사하라

당신은 언제 행복하다고 느끼는가? 가장 최근에는 언제, 어디에서, 어떤 일로 행복하다고 느꼈는가? 사람은 누구나 행복하기를 바란다. 지금 행복한 사람은 현재의 행복이 언제까지나 계속되기를 바라며 혹은 더욱 행복해지기를 원한다. 지금 행복과 거리가 먼 사람은 행복이 빨리 찾아와주기를 바란다. 그런데 사람들이 그렇게나 갈구하는 '행복'이란 무엇일까?

고대에서 오늘에 이르기까지 많은 사람이 행복에 대해 다양한 정의를 내려왔다. 한마디로 말하면 '행복은 마음이 만족스럽다고 느끼는 상태'를 말한다. 아무리 물질적 또는 경제적으로 풍요롭더라도 마음이 불안하거나 슬픔, 또는 괴로움과 우울함을 느낀다면 행복한 상태라고는 할 수 없다.

일본어로 '행복'을 가장 극적으로 표현하고 있는 것은 가야마 유조[1]의 「그대와 영원히君といつまでも」라는 노래의 한 구절이다.

....
1. 가야마 유조(加山雄三, 1937년 4월 11일~)는 명배우였던 우에하라 겐(上原謙)의 아들로 태어나 쇼난(湘南)에서 자랐다. 게이오기주쿠 대학을 졸업한 수재였던 그는 밝은 분위기의 자작곡으로 인기를 누렸다. 싱어 송 라이터의 선구자 역할을 했으며, 그가 주연을 맡은 영화 〈와카다이쇼 시리즈(若大将シリーズ)〉가 크게 히트했다.

"행복해, 나는 그대와 함께 있을 때가 가장 행복해. 이 세상 끝 날 때까지 그대를 놓지 않을 거야. 그래도 될까?"

행복이란, 엄밀히 말하자면 생활의 조건이나 환경의 문제라기보다는 평소 느끼는 감정의 문제가 아닐까? 행복한 상태가 영원히 계속된다면 좋겠지만 살다 보면 일이 원하는 대로 진행되지 않을 때도 있다.

성공을 위한 특별한 비밀은 없다

삶에 갑자기 찾아오는 불행을 대표하는 상징적인 서사시[2]가 『성경』의 「욥기」[3]이다. 욥은 하나님을 경외하는 인물로 큰 부자였다. 그러나 욥이 진심으로 하나님을 경외하는지 시험하기 위해 하나님은 욥의 전 재산과 아들딸을 앗아갔을 뿐 아니라 사람들이 가까이 하기를 거리끼는 병에 걸리게 했다. 그러자 이웃들조차 욥을 멀리하기 시작했다. 그때 멀리서 세 사람의 친구가 욥을 문병 오는데 그들과 욥이 나누는 이야기가 「욥기」의 주된 내용이다. 욥은 친구들에게 다음과 같이 말한다.

"나의 강장하던 날과 같이 지내었으면, 그때는 하나님의 우정이 내 장막[4] 위에 있었으며."(「욥기」29장 4절)

이 말은, 즉 욥이 행복했던 때는 하나님이 자신을 보호하고 계시다는 것을 느꼈지만 지금은 그것을 느낄 수 없다고 한탄하는 것이다. 모든 것을 잃고서야 비로소 욥은 행복했던 지난날을 그리워하며 자신에게 닥친 역경의 이유를 하나님에게 묻는다.

우리는 불행이나 불운에 맞닥뜨리면 왜 자신만 이렇게 억울한 일을 겪어야 하는지 신세를 한탄한다. 그러나 모든 일이 순조롭게 흘러갈 때는 그 이유를 굳이 알려 하지 않는다. 나 또한 마찬가지이다.

많은 사람들이 성공과 행복을 갈구하면서 그것이 좌절되면 세상을 비관하고 자신을 비하한다. 그러면서 성공과 행복에 뭔가 특별한 비결이라도 있는 것처럼 생각한다. 하지만 나는 성공의 비결이나 번영을 가져오는 절대방정식 등은 애초에 존재하지 않는다고 생각한다. 번영이나 성공은 그 사람이 열심히 노력한 결과 찾아오는 것이다. 몇 개의 행운이 겹쳐서 성공하거나 번영한다고는 생각하지 않는다. 굳이 말하자면 '운때가 맞다'거나 '운이 있다'는 것은 그저 우연히 맞아떨어진 결과가 아닐까?

----

2. 서사시란 민족의 영웅이나 신화, 역사상의 중요한 사건을 읊은 시이다.
3. 「욥기」는 『구약성경』의 지혜문학 중 하나로서, 이스라엘의 성경학자에 따르면 기원전 6~7세기경에 쓰인 문학작품이다. 욥은 가공의 인물이지만 부당한 고난과 시련을 견딘 의로운 사람으로 여겨지고 있다.
4. 장막은 산양 가죽 등으로 만든 천막을 가리킨다. 유대인의 선조는 유목민이었기 때문에 이동에 편리한 천막에서 생활했다. 『성경』에서 '장막'은 '집'을 미화하는 의미로 사용한다.

늘 감사하는 마음을 잊지 마라

내 고등학교 선배 중에 리코Ricoh의 회장을 역임한 미요시 신이치[5]라는 사람이 있다. 미요시는 유도와 럭비를 좋아하는 스포츠맨이었는데 대학을 졸업한 뒤 일본소다[6]라는 회사에 취직했다.

그러나 미요시가 서른세 살이 되던 해에 일본이 전쟁에 패하면서 근무하던 회사가 사분할되었다. 미요시는 일본소다의 탄갱 부분인 닛소 탄갱日曹炭坑에 배속되었다. 게다가 아버지인 미요시 노부후사의 뜻에 따라 전쟁이 끝나고 처음 실시된 중의원 총선거에 출마했다가 낙선했다. 미요시는 이후 또 한 번 출마했다가 낙선의 고배를 마시고 닛소 탄갱으로 돌아갔다. 석탄 불황기를 맞이하자 미요시는 다시 석탄광업 정비사업단으로 자리를 옮겼다. 이곳은 불황에 허덕이는 석탄업계의 합리화, 구조조정을 위한 정부 관련 기관이었다.

그로부터 8년 뒤 쉰두 살이 된 1963년에 미요시는 리코의 창업자인 이치무라 기요시 사장의 부름을 받고 리코에 입사해서 평생 동안 사무기기 업계의 발전에 공헌했고 마침내는 리코의 대표이사인 회장의 자리에 올랐다. 지금도 나는 다음과 같이 말하는 미요시 선배의 목소리가 들리는 듯하다.

"나는 정말로 운이 좋았지. 얼마나 좋은 사람들을 만났는지 몰라. 많은 사람들의 도움을 받았어. 힘들 때마다 만났던 한 사람 한 사람에 관한 기억이 지금도 어제 일처럼 선하기만 하다네."

이렇듯 인간과 인간의 만남은 사람을 행복으로 이끌어준다. 그러므로 행복할 때는 마음껏 기뻐하고 감사하라. 미요시는 다음과 같이 말했다.

"나는 언제나 열심히 노력했고 그 결과 성과를 올렸다. 그러나 이를 자랑할 생각은 없다. 최선을 다하는 것은 당연한 일이기 때문이다. 집이나 회사, 사회, 국가, 그리고 세계 모두 사람이 모인 집단이다. 모두가 서로 협력해서 각자의 역할을 다한다면 행복해질 것이다."(『운이 좋았다 運が良かった』중에서)

여기서 한 가지 조언을 하고 싶다. 내가 유대인에게 배운 것인데, 유대인은 행운의 날에만 감사하는 것이 아니라 역경 속에서도 자신들이 여전히 살아 있음에 대해 감사한다.

『성경』은 말한다.

'형통한 날에는 기뻐하고 곤고한 날에는 되돌아보며 하나님이 이 두 가지를 함께 창조하셨음을 생각하라.'

여기에서 신을 믿고 안 믿고는 중요하지 않다. 우주에 존재하는 모든 것에는 탄생과 종말이 존재한다는 말이다. 그러므로 역경 속

....

5. 미요시 신이치(三善信一, 1912년 3월~2004년 3월 19일)는 중의원인 미요시 노부후사(三善 信房)의 장남으로 구마모토에서 태어났다. 리코의 창업자인 이치무라 기요시(市村清)의 오른팔로 활약했다. 리코의 회장을 비롯해서 많은 공직을 역임했다.
6. 일본소다(日本曹達)는 1920년에 설립된 화학회사로, 농업화학품 등을 제조했다. 일본 15대 재벌 중 하나인 닛소콘체른(日曹コンツェルン)의 중심 기업이었다.

에 있다면 거기서 무엇을 배워야 할지 생각해보라.

실패한 경험을 활용하라

광대한 우주를 바라보라. 우리가 사는 태양계를 포함한 은하계도 어둠 속에서 새로운 별이 탄생하고 한편으로는 생명을 다한 별이 암흑 속으로 부서지며 사라져간다. 당연히 사람의 평생도 좋은 날이 있기도 하고 고난의 날이 있기도 하다. 그 덕분에 다채로운 인생을 보낼 수 있는 것이 아닌가?

서기 5세기 중반의 바빌로니아 지방은 페르시아 사산 왕조의 지배를 받고 있어서 유대인에 대한 박해가 혹독했다. 그 시대의 한 현인은 "사람은 자신을 단점을 미리 알지 못한다"고 말했다. 고난을 경험하면 자신의 단점을 발견할 수 있기 때문에 오히려 기쁘게 고난을 받아들이라는 의미다.

일본이 합성섬유 비닐론을 순수하게 일본의 힘으로 생산한 것은 1950년 구라시키 레이온(현 크라레クラレ)[7]에 의해서였다. 그러나 이것이 실용화되어 제품이 되기까지 당시 2대 사장이었던 오하라 소이치로[8]는 갖은 고생을 했다. 먼저 전쟁으로 폐허가 된 들판 위에 공장을 재건하고 아무것도 없는 상태에서 제품을 개발했다. 54년에 강력한 비닐론 섬유인 크라레 포발クラレポバール의 개발에 성공할 때까지 비닐론은 그야말로 조악품의 대명사였다. 제품도

안정되지 않았고 세상의 평가도 매우 나빴다.

그때마다 오하라는 조부인 마고사부로孫三郞의 말을 떠올렸다.

"인간에게 중요한 것은 아무도 하지 않은 일을 해서 실패를 경험하는 것이다. 그리고 실패한 경험을 활용하는 것이야말로 가치 있는 일이다."(『오하라 소이치로』 이노우에 다로井上太郞 지음)

누구나 연인과 함께 있으면 즐겁고, 기쁘고, 행복하게 마련이다. 그러나 만족스럽고 행복한 삶이란 그와는 다른 것이 아닐까? 자신이 원하는 일을 실현하고 나아가 그것이 타인에게 도움이 되었을 때 무엇보다도 큰 행복감을 느끼게 되지 않을까? 이제 당신도 무엇인가를 시작해보라. 작은 시작, 큰 결과를 향해서.

··········

7. 구라시키 레이욘(倉敷レイヨン)은 1888년에 구라시키 방적을 설립한 오카야마 현 구라시키 시의 대지주인 오하라 가문이 출자해서 1926년에 설립한 화학 기업 그룹이다.
8. 오하라 소이치로(大原總一郎, 1909년 7월 29일~1968년 7월 27일)는 구라시키 방적의 사장이었던 오하라 마고사부로의 장남으로 태어나 1939년에 구라시키 레이욘의 전신인 구라시키 방적의 사장이 되었다.

신념이 있으면 젊고 의심이 많아지면 늙는다.
자신감이 있으면 젊고 두려움이 크면 늙는다.
희망이 있으면 젊고 절망이 크면 늙는다.

「젊게 사는 법How To Stay Young」

청춘은 마음의 상태

앞장에서 언급한 내용을 보충하자면, 우리는 행복하고 순조로
운 날들이 이어지기를 바란다. 그러나 역경 또한 인생의 일부이고
꼭 필요한 요소이다. 예를 들어 고온다습해서 식물이 성장하기
쉬운 열대우림 지역에서는 나왕나무 같은 수목이 쑥쑥 잘 자란
다. 그러나 재질이 거칠고 목재로 쓰기에는 강도가 무른 것이 단
점이다. 대조적으로 알래스카나 시베리아 같은 한랭지에 자생하
는 침엽수는 비록 성장은 늦지만 나뭇결이 촘촘해서 견고한 목재
가 된다.

마찬가지로 인생에서 역경의 날들은 우리를 훈련시켜 생활력이
강한 인간으로 성장하게 해준다. 그러므로 만약 당신에게 예기치
못한 역경의 날이 찾아온다면 꺾이지 말고 견디어내라. 더욱이 당
신이 목적을 향해 나아가고 있을 때라면 멈춰 서지 마라. 그것은
강한 당신으로 새롭게 태어나기 위한 시련의 날들이기 때문이다.
어쩌면 당신은 이렇게 반문할지도 모른다.

"강해진다고 해서 내 운명이나 생활에 무슨 변화가 있을까요?
생활이 더 나아진다는 보장이 있나요? 아니면 행운이라도 찾아온
다는 건가요?"

유감스럽지만 나는 이 질문에 대해 "행운이나 생활이 더 나아진다는 보장은 할 수 없다"라고밖에 대답할 수가 없다. 행운이란 그것이 찾아오는 마지막 순간까지도 불확실하기 때문이다. 아울러 생활이 나아진다는 약속을 받은 뒤에 어떤 이유로든 그 약속이 깨지는 예는 얼마든지 있기 때문이다.

성공이란, 이른바 잠수한 채로 50미터를 헤엄쳐 가는 것과 같다. 영어로 성공하다Succeed는 서브와 시드, 즉 'sub(아래에서)'와 'ceed(나아가다)'가 합쳐진 말이다. 즉 목적지인 50미터 앞에 도달할 때까지는 물 위로 나올 수 없다. 도중에 숨이 차서 물 위로 떠오르면 끝이다. 비록 목표를 1미터 앞둔 곳이라도 고개를 내밀면 50미터 잠수는 실패가 되고 만다.

목적에 도달하기 위해서는 도중에 숨이 끊어질 것같이 괴로워도 물 속에서 나아가야 한다. 이는 행운의 문제가 아니라 당신이 자신을 단련하고 있는지, 과연 당신이 그만큼 강한지를 묻고 있는 것이다.

행운을 잡았는지 어떤지는 나중에 그 결과로 판단된다. 살아 있는 동안 결과를 얻는 사람도 있지만 세상을 떠난 뒤의 작품이 인정을 받아 유명해지는 사람도 있다. 어떤 사람은 대단한 활약을 펼쳐 살아 있는 동안에는 유명했지만 세상을 떠난 뒤에 금세 잊히기도 한다. 반대로 만년의 활약이 후세에 막대한 영향을 미치는 사람도 있다.

평생 현역을 지향하라 _ 다나카 히사시게

일본인 가운데 평생 현역으로 활동하며 나이 들어서도 활약했던 대표적인 예가 막부 말기부터 메이지 시대에 걸쳐 '가라쿠리기에몬からくり儀右衛門'이라고 불렸던 발명가, 다나카 히사시게[1]이다.

다나카는 여덟 살에 '가라쿠리식 스즈리바코(からくり式硯箱, 움직이는 벼룻집 – 옮긴이)'를 만들었고 열네 살에는 구루메가스리(久留米絣, 직물의 일종 – 옮긴이)를 짜는 직기를 발명했다. 그 후로도 그는 밤새 꺼지지 않는 등이나 소화용 펌프 등 수많은 발명을 했다. 도쿄로 옮긴 뒤 천문과 일본 연호를 쓰는 달력을 공부하여 쉰두 살에 '만넨지메이쇼[2]'를 발명했다. 이것은 음력 날짜, 달의 차고 기움, 태양과 달의 운행 등 일곱 가지를 표시하는 시계이다.

그는 쉰세 살에 증기선의 모형을 시험 제작하고 쉰여섯 살에 기관차 모형을 제작했다. 쉰일곱 살에 일본 최초의 전신기를 제작, 일흔아홉 살에 시보기(時報機, 시각을 알리는 기계 장치 – 옮긴이)를 발명했다. 1865년에는 예순여섯의 나이에 사가佐賀의 조선소에서

....

1. 다나카 히사시게(田中久重, 1799년 10월 16일~1881년 1월 11일)는 후쿠오카 현 히가시구루메(久留米) 시 출신으로 '동양의 에디슨'이라고 불린 발명가이다. 도시바(東芝)의 창업자이다.
2. 만넨지메이쇼(万年自鳴鐘)는 '만년 시계'라는 이름으로 알려져 있으며 한번 태엽을 감으면 1년 동안 움직인다는 기계식 손목시계이다. 2005년 '아이치(愛.知) 만국박람회'에 모형이 전시되었다.

목조외륜식 증기선인 시푸마루凌風丸를 완성했다.

막부 말기에 일본에 온 영국의 외교관 어니스트 사토[3]는 『어느 외교관의 눈에 비친 메이지유신―外交官の見た明治維新』이라는 책을 펴냈다. 그는 이 책에서 1865년 10월 나가사키에 머물 때, 한 무사에게 초대를 받아 참석한 연회에서 다나카를 만났다고 언급하고 있다. 당시 다나카는 정치 문제에 열을 올리며 "교토를 공격해서는 안 된다. 막부를 무너뜨리자"라고 열변을 토했다고 한다.

당시 일본인의 평균 수명은 마흔 살이었다. 그런데 예순여섯의 다나카 히사시게가 군왕의 무사들과 함께한 자리에서 존황양이론[4]을 주장하며 고령의 나이에도 청년의 기개에 불타고 있었던 것이다.

다나카는 메이지유신이 일어나고 1875년 도쿄 긴자銀座에 기와집들이 들어서자 재빨리 그곳에 입주해서 일본 최초의 민간기계 제작 공장인 다나카제작소를 설립했다. 그리고 "만반의 준비를 하고 기계 제작의 의뢰에 응합니다"라는 글을 크게 써서 내걸고 직접 고객을 맞이했다. 그때 다나카의 나이는 이미 일흔여섯이었다. 바로 이 다나카제작소가 발전해서 현재의 도시바가 되었다.

다나카의 젊음의 비결은 무엇이었을까? 첫째는 왕성한 호기심이다. 그리고 두 번째는 실제로 손과 머리를 사용해서 신제품의 발명이나 개발에 매진했다는 점이다. 다시 말해 머릿속 지식이나 호기심으로 끝나는 것이 아니라 다나카는 실제로 물건을 만들고 온몸으로 새로운 일에 뛰어들었던 것이다. 이것이 다나카가 생을 마칠 때까지 젊은이의 열정으로 살 수 있었던 비결이 아니었을까?

사람은 이상을 버릴 때 늙는다

영시 「젊게 사는 법」에는 다음과 같은 구절이 있다.

'신념이 있으면 젊고, 의심이 많아지면 늙는다. 자신감이 있으면 젊고 두려움이 크면 늙는다. 희망이 있으면 젊고 절망이 크면 늙는다.'

이는 미국의 유대인 사무엘 울만[5]의 시 「청춘Youth」을 새롭게 옮긴 작품이다. 원작은 울만이 여든 살 때 출판한 개인 시집 『청춘 From the Summit of Years Four Score』에 수록되어 있는데 시라기보다는 오히려 울만의 생각을 짧게 나누어 정리한 산문에 가깝다. 그 첫 부분을 소개하면 다음과 같다.

··········

3. 어니스트 사토(Ernest Mason Satow, 1843년 6월 30일~1929년 8월 26일)는 독일인 부친과 영국인 모친 사이에 런던에서 태어났다. 일본을 동경해서 1861년 영국 외무성에 입사한 이듬해 주일공사관의 통역을 맡아 일본에 왔다.
4. 존황양이(尊皇攘夷)론은 천황의 권위를 절대화하고, 개국을 강요하는 외적을 물리치자는 사상이다.
5. 사무엘 울만(Samuel Ullman, 1840년~1924년)은 독일계 유대인으로 독일 남부에서 태어나 인종 차별을 피해 미국으로 이주했다. 잡화상을 운영하면서 지역의 사회활동, 특히 흑인의 교육에 이바지했다. 여든 살 때 『청춘』을 자비 출판했다.

'청춘이란 인생의 어느 기간을 말하는 것이 아니라 마음의 상태를 말한다. 그것은 장밋빛 뺨, 앵두 같은 입술, 하늘거리는 자태가 아니라 강인한 의지, 풍부한 상상력, 불타는 열정을 말한다.

청춘이란 인생의 깊은 샘물에서 오는 신선한 정신, 유약함을 물리치는 용기, 안이를 뿌리치는 모험심을 의미한다. 때로는 스무 살의 청년보다 예순 살이 된 사람에게 청춘이 있다. 나이를 먹는다고 해서 우리가 늙는 것은 아니다. 이상을 잃어버릴 때 비로소 늙는 것이다.

세월은 단지 우리의 피부를 주름지게 하지만 열정을 잃어버리는 것은 우리의 영혼을 주름지게 한다. 고뇌, 공포, 자기불신은 우리의 마음을 병들게 하고 우리의 영혼을 티끌로 만들어버린다.'

120세를 목표로 인생을 설계하라

당신은 아직 자신의 노후를 생각하기에는 젊은 나이일 것이다. 그러나 그런 당신에게 이런 말을 들려주고 싶다.

자신의 나이를 의식하며 살 필요는 없다. '이제, 쉰 살이 되었구나!', '예순이 되었으니 정년이 가까웠구나!' 하는 생각은 더더욱 쓸모없다. 그런 생각은 당신을 더 빨리 늙게 할 뿐이다. 영원한 청년이라고 생각하며 늘 새로운 테마를 찾고, 새로운 기술을 습득하고, 아무도 손댄 적 없는 새로운 과제를 추구하라.

유대인 사회에서는 연장자가 생일을 맞이하면 "앞으로 120세까지 사세요!"라고 축복한다. 이는 유대인의 선조인 이스라엘 민족을 이집트에서 탈출시킨 고대의 지도자 모세[6]가 120세에 세상을 뜨기까지 건강하게 활약했다는 고사에서 유래한다.

『성경』에는 "모세의 죽을 때 나이가 백이십 세였으나 그의 눈은 흐리지 아니하였고 기력이 쇠하지도 아니하였더라(『신명기』 34장 7절)"라는 말이 있다. 당신도 120세를 목표로 인생을 설계한다면 얼마든지 새로운 프로젝트를 추진할 수 있지 않을까? 굳이 분발하려고 애쓰지 않아도 된다. 실현하고자 하는 꿈이 있다면 기력은 저절로 솟아날 것이다. 이것이 욕망의 힘이다.

----

6. 모세(Moses)는 기원전 13세기경에 활약한 인물로 알려져 있다. 고대 이스라엘의 민족지도자이며 예언자이다. 『성경』의 「출애굽기」 등에 등장한다.

인간의 성숙도는
타인의 불행을 대하는 태도에서 나타난다.

줄리어스 고든Julius Gordon

계획이 어긋나더라도 실망하지 마라

당신은 '자신의 인생이 계획한 대로, 생각한 대로 흘러간다'고 생각하는가? 그런 사람은 이 책을 읽을 필요가 없다. 그러나 만약 당신이 '왜 내 인생은 마음먹은 대로 흘러가지 않는지' 불만스럽게 생각하고 있다면 다시 한 번 이 책을 처음부터 읽고 생각해보라.

'행복이란 무엇인가?'

'성공이란 무엇인가?'

'자신에게 진정한 행복이란 무엇인가?'

이런 질문에 쉽게 대답할 수 있다고 해서 꼭 행복해지는 것은 아니다. 또한 성공에 대한 정의가 확실하다고 해서 성공하는 것도 아니다.

먼저 세상에서 성공했다고 하는 사람들에 대해 생각해보자. 그들도 결코 처음부터 계획한 대로 삶을 살아왔던 것은 아니다. 이해하기 쉽게 유명한 연예인 몇 명을 예로 들어보자.

'꿈'과 다른 길을 걸은 사람들

여배우인 단 후미[1]는 평범한 삶을 살고 싶었지만 부친인 단 카즈오의 소개로 고등학생 시절에 배우로 발탁되었다. 그러나 역할을 하나 맡았다고 해서 배우로 승승장구할 수 있는 것은 아니다.

단 후미의 지적인 존재감은 NHK의 예능 프로그램 '연상 게임'에서 빛을 발해서 무려. 14년 동안이나 그 프로그램에 출연했다. 단 후미가 그 일을 수락한 것은 출연료를 받아 자기 힘으로 대학 입시 학원의 수강료를 내고 싶었기 때문이다.

단 카즈오는 자신의 딸이 여배우가 되기를 원했다. 그 이유는 어쩌면 당시 그가 작가로서 지명도는 있었지만 크게 인기를 누리지 못하고 있었기 때문인지도 모른다. 그러나 단 후미는 세상 사람들이 일반적으로 생각하는 배우가 되기보다는 대학에 진학해서 폭넓은 교양을 갖춘 사회인이 되고 싶었다.

1년 동안 재수를 한 단 후미는 게이오기주쿠 대학 경제학부에 입학했다. 대학에서 공부를 하면서도 단 후미는 텔레비전 프로그램, 영화에도 출연했으며, 4년 뒤에 공부를 마치고 졸업했다. 단 후미는 여배우라는 직업을 계속 이어가야 할지 고민했다. 그러다가 그녀가 스물예닐곱 살이 되는 때 숙모로부터 "너는 참 효녀로구나"라는 말을 들었을 때 오랜 고민이 사라졌다. 그 이유는 당시 부친인 단 카즈오가 오랫동안 병을 앓고 있었는데 단 후미의 수입이 집안의 생계와 부친의 치료비를 감당하고 있었기 때문이다.

단 후미는 자신이 배우로 활동하는 것이 부친에게 도움이 되므로 배우라는 직업이 자신에게 전혀 무의미하지 않다는 것을 깨달왔다. 게다가 다양한 역할을 맡아 다른 사람의 인생을 경험할 수 있기 때문에 배우가 정말 멋진 일이라는 사실도 깨달았다. 그로부터 단 후미는 진정한 배우로 거듭날 수 있었다고 한다.

가수인 모리야마 료코[2]는 재즈 트럼펫 연주자인 부친의 영향으로 처음에는 재즈 가수를 꿈꾸었다. 1967년에 모리야마는 레코드 회사의 끈질긴 제의로 「이 넓은 들판 가득히 この広い野原いっぱい」를 불렀는데 이 노래가 폭발적인 인기를 얻었다. 그 바람에 모리야마 료코는 포크송 가수라는 이미지가 굳어져버렸다.

그러나 모리야마 료코는 재즈 가수가 되고 싶다는 꿈을 버리지 못해 갈등했다. 그러던 어느 날 마음을 열고 포크송을 불렀는데 그 노래가 모리야마의 마음에 감동으로 다가왔다. 그 일을 계기로 모리야마는 포크송을 이해하게 되었다고 한다. 그 뒤 모리야마는 2003년에 염원하던 재즈 앨범도 발표했다.

엔카(演歌, 일본의 대중가요 - 옮긴이) 가수였던 신노 미카[3]는 본래

----

1. 단 후미(檀ふみ, 1954년 6월 5일~)는 여배우이며 수필가이다. 무뢰파(無頼派, 일본에서 전후 기성의 권위에 저항하는 문학의 한 흐름 - 옮긴이) 작가인 단 카즈오(檀一雄)의 장녀로 도쿄에서 태어났다. 고등학교 때 NHK의 '연상 게임(聯想ゲーム)'에 출연했고 이후 영화나 드라마에서 활약했다.
2. 모리야마 료코(森山良子, 1948년 1월 18일~)는 도쿄 출신의 싱어송라이터이며 배우이다. 세조(成城) 학원에 다닐 때부터 친구와 포크 그룹을 결성해 활동했는데, 그때 불렀던 노래가 라디오에 방송되면서 솔로 가수로 데뷔했다. 가수인 모리야마 나오타로(森山直太朗)는 그녀의 장남이다.
3. 신노 미카(神野美伽, 1965년 8월 30일~)는 오사카 출신의 가수이다. 1984년 「갈매기야 너라면(かもめお前なら)」으로 데뷔했다.

민요계의 천재 소녀였다. 그러나 엔카를 불러보지 않겠느냐는 샤미센(三味線, 일본의 대표적인 현악기 – 옮긴이) 선생의 권유로 엔카 가수가 되었다. 내가 처음 신노의 노래를 들은 것은 1986년 봄 출장을 갔던 센다이仙台의 작은 식당에서였는데, 그때 유선방송에서 흘러나오던 「검은 배黑船」의 박력 넘치는 소절에 얼마나 감동했는지 모른다.

고통을 겪는 사람은 타인을 배려할 줄 안다

물론 자신이 꿈꾸던 분야에서 성공을 거두고 유명해진 사람도 있다. 그러나 오랜 무명 시절을 보낸 가수나 배우에게 더 인간미가 느껴지지 않는가? 특히 명배우라는 칭찬을 듣는 많은 배우들은 남들이 모르는 역경을 경험한 경우가 많다. 그러한 고생을 드러내지 않기 때문에 더더욱 많은 이들의 공감을 일으키는 연기가 가능한 것이 아닐까? 게다가 그런 사람일수록 촬영장이나 무대 뒤에서 고생하는 사람을 친절하고 상냥하게 배려한다.

예를 들어 모리시게 히사야[4]는 와세다 대학 재학 시절에 필수 과목이었던 군사 교련을 거부한 탓에 대학을 중퇴할 수밖에 없었다. 연극을 무척 좋아해서 극단에 들어갔지만 단역밖에 맡지 못했다. 모리시게는 군대에 가기 싫어 위험할 줄 알면서도 NHK의 아나운서가 되어 만주로 건너갔다. 그러나 1945년 일본이 패전하자

소련군에게 억류당했다. 이듬해 말 일본에 돌아오긴 했지만 모리시게는 무일푼이었다. 아내와 네 명의 어린 자녀도 가까스로 일본에 귀국했다. 『모리시게 자서전』에서 모리시게는 고국에 도착했을 때를 다음과 같이 회상하고 있다.

"지치고 녹슨 이 기관차는 다섯 개의 화물칸을 끌고 간다. 이제는 어떻게 살아가야 할까? 나는 끊임없이 자문자답했다."

이 모습은 아내와 다섯 딸을 데리고 고향인 러시아를 떠나는 유대인 테비에의 이야기인 뮤지컬 〈지붕 위의 바이올린〉[5]에 등장하는 주인공 테비에의 모습과 똑같다.

모리시게는 극 중의 테비에를 연기하면서 사실은 자신의 인생을 그려냈던 것이다. 그 결과 뮤지컬의 본고장인 미국 브로드웨이에서도 유례가 없는 900회 공연이라는 대기록을 세웠다. 하지만 인간에 대한 모리시게의 따뜻함을 가장 잘 표현한 것은 직접 작사 작곡하고 노래한 「지중여정知衆旅情」이 아닐까 싶다. 모리시게는 1991년에 대중 연예인으로서는 최초로 문화훈장을 수상했다.

....
4. 모리시게 히사야(森繁久彌, 1913년 5월 4일~2009년 11월 10일)는 오사카 출신의 배우이며 코미디언이다. 실업가의 아들로 태어났지만 배우를 꿈꾸며 NHK 아나운서를 거쳐 1946년 처음으로 기누가사 테노스케(衣笠貞之助) 감독의 〈여배우(女優)〉로 영화에 출연했다.
5. 숄렘 알레이헴(Sholem Aleichem)의 단편을 원작으로 하여 1964년 〈지붕 위의 바이올린(Fiddler on the Roof)〉이라는 제목으로 초연된 미국의 뮤지컬이다. 일본에서는 모리시게가 900회에 걸쳐 주인공을 맡았다.

그런 모리시게를 좋은 선배로서 따르면서도 고독한 자신의 길을 간 배우가 아츠미 기요시[6]이다. 아츠미는 어릴 적부터 병약해서 학교를 결석하는 일이 잦았다. 1945년 3월 아츠미는 도쿄대공습으로 집을 잃었다.

전쟁이 끝나고 가난에 허덕이던 시절 아츠미는 공장에서 일하면서 틈틈이 포장마차 일을 돕기도 했다. 이어 주오 대학 경제학부에 입학했지만 생각을 바꿔 선원이 되려고 마음먹었다. 그러나 모친의 극심한 반대에 부딪쳐 꿈을 포기하는 수밖에 없었다. 그 후 지인의 소개로 지방을 순회하는 극단에 들어갔다. 어떤 때는 아사쿠사浅草의 스트립쇼 극장에서 막간에 코미디를 하기도 했다.

닥치는 대로 일을 하다 무리를 하는 바람에 그는 1954년 결핵으로 오른쪽 폐를 전부 떼어내야 했다. 완치되어 퇴원하기까지 2년 동안이나 결핵 요양소에 격리되기도 했다.

아츠미는 오른쪽 어깨가 약간 내려가 있는데 수술 후유증 때문이다. 아츠미는 대수술을 한 사람만이 이해하는 오랜 아픔을 지니고 있었다. 그러나 아츠미는 그 아픔을 드러내지 않았다. 폐가 하나밖에 없어서 큰 소리를 낼 수도 없다.

초연하면서도 언뜻 슬픔이 느껴지는 독특한 그의 모습은 그러한 역경 속에서 탄생한 것이다. 아츠미는 역경을 이겨나가며 꿋꿋하게 그만이 할 수 있는 캐릭터를 확립해갔다. 그리고 1968년부터 후지 텔레비전에서 한량 도라寅 배역, 즉 〈남자는 괴로워〉의 주인공을 맡게 되었다. 그는 말기 암으로 투병하면서도 48번째 〈남자는 괴로워〉를 끝내고 세상을 떠났다.

스크린이 아닌 일상생활 속에서의 아츠미 기요시는 검소하고, 소박하며, 화려한 것을 싫어해서 마음이 통하는 몇몇 친구와 조용히 지냈다고 한다. 반면 연극에 대한 열정이 커서 늘 관객과 섞여 수많은 연극과 영화를 보며 다른 배우의 연기를 연구했다. 또한 굉장한 독서가였으며, 가끔 '후텐風天'이라는 아호로 하이쿠(俳句, 일본 고유의 단시 – 옮긴이)를 지어 자신을 표현하기도 했다.

아츠미는 생전에 자수포장[7]을 받았는데 사후에 국민영예상[8]에 추서되었다. 이는 아츠미가 일본 국민에게 얼마나 많은 사랑을 받았는지를 보여준다.

미국의 개혁파 유대교 랍비였던 줄리어스 고든이 1952년에 쓴 「유대인답게 성장하려면」이라는 제목의 글 중에 "인간의 성숙도는 타인의 불행을 대하는 태도에서 나타난다"라는 구절이 있다. 개인의 능력만으로 세상의 모든 불행을 해결할 수는 없다. 그러나

···········

6. 아츠미 기요시(渥美清, 1928년 3월 10일~1996년 8월 4일)는 도쿄 우에노(上野) 출신의 배우이며 코미디언이다. 아사쿠사의 스트립쇼 극장에서 코미디언으로 활동하면서 배우가 되었다. 1968년 텔레비전 드라마 〈남자는 괴로워(男はつらいよ)〉가 인기를 끌자 이듬해부터 영화 시리즈로 만들어져 마흔여덟 번이나 주인공을 맡았다.
7. 자수포장(紫綬褒章)은 학계 및 예술 분야의 창작자 등 업적이 큰 사람에게 국가에서 주는 자줏빛 리본이 달린 훈장이다.
8. 국민영예상(国民栄誉賞)은 일본 내각총리대신이 주는 표창이다. 1977년 홈런 세계기록을 달성한 오 사다하루(王貞治)를 비롯해 2011년 12월까지 열여덟 명과 한 단체가 수상했다.

우리 각자가 손이 닿는 범위에서만이라도 타인에 대한 배려를 행동에 옮긴다면 그 파도가 세계 전체를 격려하는 커다란 물결로 커질 것이다. 마음이 따뜻한 사람은 주변 사람의 마음까지도 따뜻하게 하기 때문이다.

당신을 응원해 주는 사람은 누구인가?

① 당신을 격려해준 사람 중에 당신의 마음에 남아 있는 사람은 누구
   인가? 그것은 어떤 상황, 어떤 말이었는가? 또는 어떤 만남에서였는
   가?

② 대화를 나누지도 않았고 스쳐 지나갔을 뿐인데, 또는 멀리서 얼핏
   보았을 뿐인데 당신에게 잊지 못할 감동을 준 사람이 있는가?

③ 만약 그런 기억이 있다면 그 이유가 무엇이라고 생각하는가?

사랑하고 사랑 받아라.
이것이야말로 지상 최고의 축복이다.

하인리히 하이네Heinrich Heine

자신을 불태워 세상을 밝혀라

당신의 마음속에 잊지 못할 기억으로 깊이 남아 있는 사람은 누구인가? 나는 지금까지 많은 분들의 신세를 졌고 수많은 선의와 친절 속에서 살았다. 그것을 하나하나 전부 이야기하려면 지면이 부족할 것이다. 많은 사람이 베풀어준 친절 덕분에 오늘날의 내가 있다고 생각한다.

특히 내 마음속에 깊이 남아 있는 사람은 내 은사인 랍비 아브라함 요슈아 헤셸이다. 헤셸은 1907년에 폴란드의 바르샤바에서 유대교 명문인 랍비 가정에서 태어났다. 형제는 형과 누이 둘이 있었다. 헤셸은 어려서 부친을 여의고 모친과 백부 손에 자랐다.

가족들은 장남이 아닌 헤셸이 가문을 이어주기를 바랐다. 그러나 열다섯 살이 넘으면서 유대교 밖의 세상에 흥미를 갖게 된 헤셸은 일반 고등학교에 진학했고 이어 베를린 대학에 입학했다. 랍비가 되지 않겠다면 학비를 대주지 않겠다는 가족의 반대를 뿌리치고 헤셸은 궁색한 대학 생활을 마친 뒤 학위까지 땄다. 그런데 나치 정권이 등장하면서 독일 사회는 유대인 학자를 추방했다. 헤셸은 1940년 간신히 미국행 비자를 얻어 신시내티로 이주했다.

헤셸의 형도 가까스로 영국으로 도망칠 수 있었다. 그러나 어머니와 누이들은 홀로코스트[1]의 만행 속으로 사라졌다. 명문을 지탱하던 일가의 모든 재산과 선조 대대로 전해지던 귀중한 물건들도 모두 잃었다. 헤셸은 1945년부터 뉴욕의 미국 유대교 신학교로 옮겨 그곳에서 학생들에게 유대 사상을 가르치며 유대 사회의 구성원들에게는 유대인이 나아가야 할 길을 가르쳤다. 또한 기독교도를 향해서는 휴머니즘의 근원과 신앙을 설명했다.

인류애는 역사도 바꾼다

나는 1970년부터 헤셸 선생의 제자가 되었는데, 연구실에서 혼자 사색에 잠겨 있을 때 선생의 주위에는 고독감과 슬픔이 감돌았다. 혼자 있을 때의 선생을 사물에 비유하자면 불이 꺼진 뒤 녹아내린 초 같았다. 자신을 태운 슬픔이 선생의 온몸을 휘감고 있었다.

그러나 막상 누군가와 이야기를 시작하면 헤셸 선생은 금세 상대방뿐 아니라 주위 사람의 마음까지 따뜻하게 밝히는 신기한 감동을 전해주었다.

1965년 여름 예루살렘의 히브리 대학에서 선생의 강연을 처음 들었을 때 나는 몸이 떨릴 정도의 감동을 받았다. 선생의 깊은 내면에는 인간을 향한 진실과 열정이 숨어 있었다. 이것이 훗날 내가 뉴욕으로 가서 헤셸 선생에게 유대 사상을 배우고자 결심하게 된 동기였다.

실제로 많은 사람이 헤셸 선생과의 만남으로 역사를 바꾸었다. 1964년 헤셸 선생과 회견을 가진 로마 교황 바오로 6세[2]는 유대인을 기독교로 개종시키기 위한 가톨릭 교회의 기존 유대인 개종 조항을 헤셸 선생이 보는 앞에서 삭제했다.

1950년대에 시작된 미국의 흑인 참정권 운동은 킹 목사[3]의 지도로 확대되었다. 그렇지만 보수파가 흑인의 권리를 인정하려 들지 않으며 거세게 반발했다. 그중 가장 심했던 앨라배마 주에서는 지사가 기마대를 시켜 공민권 운동 행진에 참가한 사람들을 말로 짓밟게 했다.

흑인의 입장을 동정한 헤셸 선생은 유대교와 기독교도인 백인도 함께 행진하는 것이 좋겠다며 기가 꺾여 행진을 주저하던 킹 목사를 격려했다. 그렇게 해서 1965년 3월 앨라배마 주 셀마에서 제3회 흑인 참정권 획득을 위한 대행진이 벌어졌다. 행진의 맨 앞줄에는 킹 목사, 개신교 교회의 백인 목사, 가톨릭 신부, 그리고 헤

....

1. 홀로코스트(holocaust)는 본래 유대교에서 동물을 잡아 신에게 제물로 드리는 것을 가리켰지만 지금은 대학살을 의미하는 단어로 쓰인다. 제2차 세계대전 중에 나치 독일이 유대인을 대상으로 조직적으로 저지른 대량 학살을 가리킨다.
2. 바오로 6세(Paolo VI, 1897년 9월 26일~1978년 8월 6일)는 제262대 로마 교황이다. 북이탈리아에서 태어났으며, 본명은 조반니 바티스타 몬티니(Giovanni Battista Montini)이다.
3. 마틴 루터 킹(Martin Luther King Jr., 1929년 1월 15일~1968년 4월 4일)은 미국 개신교 침례파 목사이다. 인종 차별에 반대하는 흑인 참정권 운동의 지도자로 1968년에 암살당했다.

셸 선생이 섰다. 흑인과 함께 백인의 종교가들이 선두에서 손을 맞잡은 것이었다.

무력으로 흑인을 제압하려 했던 주지사도 백인 성직자들이 행진의 선두에 선 모습을 보고는 손을 쓸 수가 없었다. 그 결과 흑인의 참정권 운동은 비폭력의 평화 운동으로 순식간에 미국 전체의 지지를 얻었다. 또한 같은 해 11월 킹 목사는 노벨 평화상을 수상했다.

그 밖에도 헤셸 선생은 베트남 반전 운동, 이슬람교와의 상호 이해 촉진, 청소년 교육 문제, 고령화 사회에 대한 조언 등 다양한 분야에서 활약했다. 안타깝게도 헤셸 선생은 1972년 12월 한창 일할 나이에 갑작스럽게 세상을 떠났다. 헤셸 선생이 후세에 남긴 것은 행동하는 인류애와 실천 가능한 사상이었다.

작은 친절이 또 다른 친절로 이어진다

헤셸 선생과 함께하면서 배운 일련의 사건을 회고하면서 나는 만남과 배려, 격려와 행동에 대해서 말하고 싶다. 어떤 분야에서 활동하든 타인을 격려하고, 타인을 위해 최선을 다하는 것은 매우 중요하다.

정작 격려를 해준 사람은 누구에게, 언제, 어떤 격려를 했는지 잊을 수도 있다. 그러나 격려를 받은 사람은 그 감격적인 만남을 결코 잊지 않는다. 그래서 다음에는 자신이 누군가를 격려하거나 혹은 누군가를 위해 최선을 다하게 된다.

인간의 삶에는 한계가 있다. 그리고 인간은 언젠가 이 세상을 떠난다. 그러나 친절을 받은 사람은 그 친절을 오래도록 기억한다. 그 기억이 씨앗이 되어 자신도 다른 사람에게 친절을 베푼다. 친절함과 배려는 점점 물결이 되어 퍼져나가고 인간 생명의 한계를 넘어서 사랑이라는 영원한 생명의 물결이 된다.

유대 고전의 하나인 『시프레Sifre』에는 다음과 같은 멋진 구절이 있다.

'하나의 등불로 다른 많은 등불을 켜도 최초의 등불은 어두워지지 않는다.'

당신도 자신을 활활 불태워 하고 싶은 일을 행동에 옮겨라. 그렇더라도 당신이 잃을 것은 아무것도 없다. 오히려 당신 자신과 당신 주위도 불타올라 더욱 환하게 빛을 발하기 시작할 것이다.

몇 년 전 TV에서 '0.2퍼센트의 기적 – 유대인'이라는 제목의 다큐멘터리를 본 적이 있다. 전 세계 인구 중에서 유대인이 차지하는 비율은 겨우 0.2퍼센트라고 한다. 그런데 미국의 명문대학 재학생 가운데 유대인이 차지하는 비율은 약 30퍼센트이고, 노벨상 수상자 중에서도 200명에 가까운 사람이 유대인이다. 게다가 아인슈타인, 마르크스, 프로이트, 번스타인, 에리히 프롬, 스필버그 등 각계각층에서 뛰어난 업적을 이룬 사람 중에도 유대인이 많다. 그 프로그램은 그러한 유대인의 성공의 비밀을 찾아가는 과정을 담은 것으로, 유대인이 자신들의 전통과 역사를 중시한다는 점과 유대인의 독특한 교육법을 소개했다. 유대인은 『탈무드』를 연구하고, 질문하는 법을 배운다. 재미있게도 이 책의 본문에도 질문과 관련된 유대인 랍비의 격언이 실려 있다. 바로 '의문이 사람을 지혜롭게 한다'는 말이다. 이는 유대인이 『탈무드』를 비롯한 『미슈나』 등 방대한 그들의 고대 문헌을 연구할 뿐 아니라 그것을 자신들의 삶 속에 그대로 적용하고 있음을 보여주는 것이 아닐까?

삶의 지혜를 모아 놓은 글인 『탈무드』를 읽어본 이들도 꽤 있을 것이다. 이 책은 탈무드뿐 아니라 우리가 흔히 접하지 못했던 유대교 랍비, 유대인 출신 유명인 등의 주옥같은 조언을 담고 있다. 또한 일본인 최초로 이스라엘의 히브리 대학을 졸업하고 미국 유대교 신학교에서 학위를 취득한 저자 자신의 경험과 유대주의에 대한 깊은 조예를 바탕으로 인생의 갈림길에 선 현대인에게 나아갈 길을 제시해준다.

'지금, 당신은 무엇을 원하는가', '대담하게 생각하고 행동하라', '사람을 소중히 대하라', '더 넓은 세상을 바라보라' 총 4부로 구성되며, 각 부마다 주제에 적절한 조언을 소개하고 있다. 1부에서는 욕망, 나아가서는 꿈을 좇는 인간에 대해, 2부에서는 꿈을 실현시키기 위한 행동에 대해, 3부는 사회적 인간으로서의 나아갈 바를 이야기하고, 4부에서는 보다 젊은 사고로 세상을 보는 방법을 일러주고 있다. 이 책의 가장 큰 장점은 막연히 각 주제를 해설하는 것이 아니라 각각의 주제에 맞게 구체적인 예를 제시하고 있다는 점이다. 예를 들면 미 연방준비제도 이사회의 의장직을 19년 동안이나 역임했던 앨런 그린스펀이나 영화배우 커크 더글러스 등이 그러하다. 두 사람 모두 유대인이었다는 사실을 아는가? 이 책을 번역하면서 나는 많은 성공한 이들의 삶을 엿볼 수 있었다. 무일푼으로 시작해서 험난한 과정을 견디고 이루어낸 그들의 성공을 배울 수 있었다.

이 책의 원제는 『결단의 날에 읽는 유대의 격언決断の日に読むユダヤの言葉』이다. 이 책을 번역하면서 나 또한 자신의 삶을 돌아보고 나아갈 바를 새롭게 결심할 수 있었다. 부디 이 책을 접한 모든 분들이 삶의 결단의 날에 현명한 판단을 하고, 행동하는 삶을 살 수 있기를 바란다.

이민영

주요 참고 문헌

『Shisha Sidrei Mishnah』 (1959, The Bialik Institue and Dvir, Jerusalem)

『Talmud Babli』 (1924, Hotzaat Horeb, Berlin)

『Middrash Rabba』 (1957, Hotzaat Torah laAm, Jerusalem, 5券本)

『Mikhlol Hamaamarim veHapitgamim』 (1961, Mossad Harav Kook, Jerusalem)

『Dibrei Hakhamim』, Reuven Alcalay 編, (1997, Modan Hotzaah Leor, Tel Aviv)

『YIDDISH PROVERBS』, Hanan J. Ayalti 編, (1963, Schocken Books New York)

『The Jewish Encyclopedia』 (1901~1906. New York)

『Encyclopaedia Judaica』 (1968, Jerusalem)

『Samuel Ullman and 'Youth'』, Margaret E. Armbrester 著, (1984, University of Alabama Press)

『Abraham Joshua Heschel』, Edward K. Kaplan and Samuel H. Dresner 共著, (1998, Yale University Press)

『Spiritual Radical』, Edward K. Kaplan 著, (2007, Yale University Press)

『Steve Jobs』, Walter Isaacson 著, (2011, Little, Brown Book Group, London)

『The Missionary Mogul』, Zev Chafets 著, 『New York Times』2007年9月16日

『聖書』(1995年改訳, 日本聖書協会)

『スピノザ・エチカ』, ベネディクトゥス・デ・スピノザ著, 畠中尚志訳 (1951, 岩波文庫)

『角川新字源』, 小川環樹・西田太一郎・赤塚忠編 (1968, 角川書店)

『ナポレオン言行録』, オクターヴ・オブリ編, 大塚幸男訳 (1983, 岩波文庫)

『道徳と宗教の二源泉』, アンリ・ベルグソン著, 平山高次訳 (1953, 岩波文庫)

『正法眼蔵随聞記』, 懐奘編, 水野弥穂子訳 (1992, ちくま学芸文庫)

『新釘 福翁自伝』, 福沢諭吉著, 富田正文校訂 (1978, 岩波文庫)

『大原總一郎』, 井上太郎著 (1998, 中公文庫)

『21世紀の国富論』, 原丈人著 (2007, 平凡社)

『代表的日本人』, 内村鑑三著, 鈴木範久訳 (1997, 岩波文庫)

『浅野総一郎の度胸人生』, 新田純子著 (2008, 毎日ワンズ)

『カーク・ダグラス自伝』, 金丸美南子訳 (1989, 早川書房, 上下)

『森繁自伝』, 森繁久彌著 (2003, 中公文庫)

『ヒゲのウヰスキー誕生す, 竹鶴政孝伝』, 川又一英著 (1982, 新潮社)

『実録! 天才プログラマー』, マイクロソフトプレス編, 岡和夫訳 (1987, アスキー出版局)

『Economics 24 物語』, 正慶孝＆手島佑郎共著（1997, フォレスト出版）

『運がよかった』, 三善信一著（2004, 三愛会）

「私の履歴書」, アラン・グリーンスパン著（2007年1月, 日本経済新聞）

「『利川米』育ての三井栄長」, 綾野怜著, 『KOREA TODAY』（2011年3月号）

KI신서 5346
인생의 갈림길에서 만난
유대인의 말

1판 1쇄 인쇄 2013년 12월 23일
1판 1쇄 발행 2013년 12월 27일

지은이 데시마 유로 **옮긴이** 이민영
펴낸이 김영곤 **펴낸곳** (주)북이십일 21세기북스
부사장 임병주 **이사** 주명석
해외기획실 김상수 **해외콘텐츠개발팀** 이현정 백은혜
해외기획팀 김영희 송효진 **디자인 표지 · 본문** 디자인포름
마케팅영업본부장 이희영 **영업** 이경희 정경원 정병철
마케팅 김현섭 최혜령 강서영
출판등록 2000년 5월 6일 제10-1965호
주소 (우 413-120) 경기도 파주시 회동길 201 (문발동)
대표전화 031-955-2100 **팩스** 031-955-2151 **이메일** book21@book21.co.kr
홈페이지 www.book21.com **트위터** @21cbook **블로그** b.book21.com

ISBN 978-89-509-5288-4 13320
책값은 뒤표지에 있습니다.